ROMANCE MEDIÚNICO
PEDRO SANTIAGO
pelo espírito DIZZI AKIBAH

Solicite nosso catálogo completo, com mais de 350 títulos, onde você encontra as melhores opções do bom livro espírita: literatura infantojuvenil, contos, obras biográficas e de autoajuda, mensagens espirituais, romances, estudos doutrinários, obras básicas de Allan Kardec, e mais os esclarecedores cursos e estudos para aplicação no centro espírita – iniciação, mediunidade, reuniões mediúnicas, oratória, desobsessão, fluidos e passes.

E caso não encontre os nossos livros na livraria de sua preferência, solicite o endereço de nosso distribuidor mais próximo de você.

Edição e distribuição
EDITORA EME
Caixa Postal 1820 – CEP 13360-000 – Capivari-SP
Telefones: (19) 3491-7000 | 3491-5449
Vivo (19) 9 9983-2575 | Claro (19) 9 9317-2800
vendas@editoraeme.com.br – www.editoraeme.com.br

Que queres que eu faça?

ROMANCE MEDIÚNICO

Capivari-SP
– 2019 –

© 2019 Pedro Santiago

Os direitos autorais desta obra são de exclusividade do autor.

A Editora EME mantém o Centro Espírita "Mensagem de Esperança" e patrocina, junto com outras empresas, instituições de atendimento social de Capivari-SP.

1ª edição – março/2019 – 5.000 exemplares

CAPA | André Stenico
DIAGRAMAÇÃO E PROJETO GRÁFICO | Marco Melo
REVISÃO | Letícia Rodrigues de Camargo

Ficha catalográfica

Dizzi Akibah, (Espírito)
    Que queres que eu faça? / pelo espírito Dizzi Akibah; [psicografado por] Pedro Santiago – 1ª ed. mar. 2019 – Capivari, SP: Editora EME.
    240 pág.

ISBN 978-85-9544-093-7

1. Romance mediúnico. 2. Intercâmbio espiritual.
3. Pregações de Jesus. 4. Primeiros cristãos.
I. Título.

CDD 133.9

Sumário

Introdução 7
Capítulo 01
Reação surpreendente 9
Capítulo 02
Consulta à pitonisa 21
Capítulo 03
A fuga 35
Capítulo 04
Rotas inversas 53
Capítulo 05
Ante o Mestre 65
Capítulo 06
Fatos decorrentes 73
Capítulo 07
Pelos caminhos de Jesus 89
Capítulo 08
Rumos opostos 101

Capítulo 09
O retorno 115

Capítulo 10
Previsões afligentes 133

Capítulo 11
Procurando Danti 143

Capítulo 12
No ápice da jornada 153

Capítulo 13
Entre Jerusalém e Betânia 165

Capítulo 14
Decisões surpreendentes 183

Capítulo 15
Avaliando efeitos 197

Capítulo 16
Enfim, Roma 207

Capítulo 17
Rompendo as fronteiras do ódio 215

Capítulo 18
Perdão recíproco 225

Capítulo 19
Sob a luz do amor 233

Introdução

AMAI-VOS UNS AOS outros, como eu vos tenho amado, disse-nos Jesus, depois de ter sintetizado os dez mandamentos em apenas dois: *amar a Deus sobre todas as coisas e ao próximo como a si mesmo*. Entretanto, passados mais de dois mil anos, são poucos, em referência aos números de espíritos ligados à Terra, que já conseguiram compreender e viver o pleno sentido do amor, porquanto são ainda os interesses ligados à vida material que dominam o mundo psíquico da maioria.

Neste momento em que externo o meu pensamento, posso vislumbrar as cidades, em grande parte do planeta, recebendo deslumbrantes decorações para o festejo do Natal, todavia, pouco se identifica o sentido real do festejo, que é o nascimento de Jesus. É verdade que é neste período que mais se ouve falar do amor e com mais frequência se pronunciar a frase "eu te amo". Contudo, não sendo as palavras impulsionadas pelo amor, se tornam simples sonoridades soadas ao vento. Não que a Terra esteja desprovida de amor! Pois se assim fosse, onde estaria o sublime trabalho de Jesus e inúmeros auxiliares, em prol de todos nós, seus tutelados?

Amemo-nos meus irmãos, convictos de que não há outra condição de amainar o sofrimento oriundo de sentimentos de baixa vibração, como o ódio, a vingança, o ciúme, a inveja e a indiferença que congela o coração. Amemo-nos, para que a fraternidade seja estabelecida e o direito do outro respeitado; a verdade seja a rota segura em direção a Deus, finalidade para a qual fomos criados; amemo-nos a exemplo dos mártires do cristianismo que, embora condenados à morte, na hora extrema, adentravam heroicamente o circo de Roma, cantando em louvor a Jesus, o Mestre que lhes tocara os corações e acendera a luz do amor, conforme exemplos contidos neste novo romance, que passamos as suas mãos, com a mente e o coração repletos de gratidão ao Mestre, por mais uma oportunidade de trabalho.

A narração, que não traz qualquer acréscimo além do conteúdo do Evangelho, destaca pormenores das situações vividas pelos personagens, antes e depois de terem conhecido e ouvido Jesus, de onde surgiu a presente história que revela, além de exemplos dignificantes e momentos emocionantes, o quanto pode o amor!

A todos, uma boa e proveitosa leitura.

Salvador, 01 de novembro de 2018.
Dizzi Akibah

Capítulo 01

REAÇÃO SURPREENDENTE

*Somente a verdade assegura a firmeza necessária,
para o desejável discernimento.*
Dizzi Akibah

THAISIS APROVEITAVA O bem-estar que sentia, depois de uma conversa que tivera com Joella, uma mulher judia, sobre a possibilidade da vinda de um mensageiro de Deus que, segundo os profetas, seria o salvador da humanidade, para meditar, pois, para ela, a esperança alimentada pelo povo judeu sobre isso, era-lhe uma novidade, porquanto a sua crença, até aquele momento, era fundamentada no culto de vários Deuses (politeísmo), já que, nascera na Grécia e fora levada desde criança, pelos pais, para Roma.

Contudo, no que pesava a sua formação religiosa, a informação de Joella, sobre Deus único e criador e a possibilidade da vinda de um salvador para a humanidade, não lhe era naquele momento, apenas um alento, mas sobretudo, uma esperança num mundo melhor e mais justo, pois, além de ser adversa à guerra, à escravidão e à injustiça, Thaisis vinha experimentando nos últimos dois anos, muita tristeza e desalento. Assim, à proporção que ela meditava sobre o assunto, sentia o íntimo leve, um bem-estar tomando-lhe todo o ser e a sensação de que estava, involuntariamente, se afastando da casa, desinteirada do seu próprio ambiente, que nem mesmo a voz potente do esposo, Danti, que se aproximava cantarolando uma marcha (hino) que era entoada pelos soldados, ao celebrizarem uma vitória, a interrompeu.

Não era aquela a primeira vez que ele voltava alegre por mais um êxito alcançado em confronto com opositores do mando de Roma, cuja finalidade era o domínio total do império, em todos os lugares alcançados pelo seu poder. No que pesava a alegria do soldado, ao invés de compartilhar, como ele tanto desejava, Thaisis deixava-se dominar por repentino desalento, por suspeitar que cada vitória que ele celebrava, significava a morte de alguém pelo fio da sua espada.

QUANDO THAISIS E Danti se conheceram, ele era funcionário da administração do governo imperial na capital do império, e ela era, ainda, adolescente. Mas, aparentemente convicta de que ao lado dele seria o seu lugar na vida, com a anuência dos pais que nele identificaram boas intenções, um ano depois, já estavam casados.

Durante o primeiro ano de convivência, ela não se preocupava com o passado e nem com o futuro, pois, estar com ele bastava-lhe para se sentir ditosa. Entretanto, chega um momento em que a vida pede um pouco mais ou, às vezes, muito mais do que se imagina, para a própria ascensão:

– Thaisis, tenho uma bela notícia! – falou Danti, demonstrando euforia e ficou na expectativa da reação da esposa, que foi imediata:
– Se é algo tão bom, que te deixa assim eufórico, conta logo!
– Incorporei-me ao exército e, no ato, pedi a minha imediata remoção para Jerusalém, onde os militares ganham quase o dobro dos soldos por estarem fora do seu domicílio! Seguiremos, logo depois que eu terminar os treinamentos com as armas.
– Que me diz?!
Vendo-a com os olhos imensuravelmente abertos e com o olhar fixo na sua direção, ele exclamou:
– Não te entendo! Ora, Thaisis, além de melhor ganho, significa oportunidade de crescimento e de destaque, pois, muitos dentre os mais graduados do exército, começaram como soldados! Deveria se alegrar e celebrar comigo este acontecimento, para mim, auspicioso!
Impactada, como se faltasse terra aos pés, o seu pensamento foi direto aos pais, que já estavam envelhecendo e era ela filha única. Ainda com o olhar fixo na direção de Danti, sem querer acreditar que aquele rapaz, até então, meigo, carinhoso e aparentemente de finos tratos, viesse um dia se tornar um soldado... Um guerreiro usando armas, não apenas para se defender, mas para atacar e vencer o suposto inimigo, pela morte, como ocorre nos conflitos armados. Desesperada, mas sem perder a firmeza e a fineza de trato, se levantou da cadeira, onde estava sentada e obtemperou:
– É um equívoco da sua parte tomar decisões que afetam, também a mim, sem me consultar, previamente! Será mesmo que desejo me distanciar tanto assim dos meus pais, deixando-os sozinhos?
E sem esperar resposta, foi enfática:
– Saiba que eu não irei contigo para essa louca aventura!

— Oh, Thaisis, esqueceu-se da nossa decisão de vivermos juntos, e harmoniosamente, até a morte?
— Não esqueci. Mas para mantermos essa decisão, é preciso diálogo e entendimento. Pois, faltando estes recursos, abre-se o caminho para desunião.
— Não chegaremos a isso, Thaisis! Certamente não, se você procurar compreender a situação, por que a essa altura, não há como voltar atrás, pois já me demiti do emprego.

Embora os conselhos do seu pai, defendendo a ideia de que Danti, logo que conhecesse os desafios e horrores da guerra, acabaria desistindo, Thaisis seguiu contra a própria vontade para Jerusalém, tão somente, para preservar o laço matrimonial.

※

ASSIM, AINDA CANTAROLANDO, ele se aproximou da casa e vendo a porta aberta, lançou a voz:
— Thaisis, cheguei, trazendo mais uma vez, os louros de uma vitória!
Vendo-a de olhos cerrados e sem qualquer reação, falou quase gritando e sacudindo-a pelo braço:
— Você está demente?!
Ela abriu os olhos, assustada, e ele, então, perguntou contrariado:
— O que te ocorre, mulher? Esta não é a primeira vez que te vejo assim!
Já que ela ficou em silêncio, certamente indecisa, se respondia ou não a pergunta, ele argumentou:
— Preciso saber, pois, o que se refere a você, diz respeito também a mim!
— Desde que aqui chegamos, vem me ocorrendo algo estra-

nho. Começa sempre eu me sentindo alheia ao ambiente que me encontro e, logo em seguida, a minha visão se amplia de uma forma incompreensível! De outras vezes, sinto a sensação de que estou me deslocando numa velocidade vertiginosa e, tanto no primeiro caso, como no segundo, passo a ver lugares e pessoas, que tenho certeza nunca ter visto antes.

– Ora, Thaisis, que ilusão! Como isso poderia ocorrer, se você não tem asas para voar?!

Ela percebeu o indisfarçável desdém, mais ainda assim, continuou explicando:

– É como se eu me duplicasse, pois, embora me veja fora do corpo, me movimento em outro igual. A única diferença é que eu me sinto bem mais leve.

Parou de falar, esperando a reação do esposo. Mas como ele ficou calado olhando-a como se a analisasse, ela prosseguiu:

– Hoje, por exemplo, senti de repente os meus olhos ficarem com as pálpebras pesadas e, imediatamente, a sensação de estar me deslocando... Inicialmente subindo, subindo... Mas essa situação não demorou, pois logo senti que estava descendo e, ao tocar os pés no chão, percebi que me encontrava num lugar, para mim, totalmente desconhecido.

Ela fez outra pausa, sem certeza se contava ou não os detalhes. Mas ele curioso, incentivou:

– Prossiga!

– Vi, a certa distância, um homem envolvido numa claridade tão forte, que me fez fechar os olhos, mas foi em vão, pois continuei vendo-o do mesmo jeito. Assustada, por não saber o que estava acontecendo, tentei sair rapidamente do local, mas não consegui. Era como se eu estivesse presa ao chão. Momentos depois, aquela luz intensa foi diminuindo e eu percebi que ele tinha uma aparência jovem, com um rosto de admirável beleza, cujo semblante me inspirava paz e serenidade. Dos seus olhos que pareciam duas estrelas, ele me dirigiu um olhar que ostentava um brilho reluzente, diferente... Não encontro termo de comparação para descrevê-lo. Mais impressionante, ainda, foi que passei a ouvir a sua voz, sem que eu notasse qualquer movimento nos seus lábios para articular as palavras.

Mais uma pausa, ainda incerta se prosseguia ou não a narração, mas apesar de não estar gostando do que ouvia, por ter se deixado afetar pelo ciúme, Danti se expressou, visivelmente, impaciente:

– O que disse ele? Fala!

– *A verdadeira vitória é toda aquela que se firma em ações provenientes do amor. Ame a tudo e a todos, mas a Deus, sobretudo! A sua vida, no final, poderá ser coroada de bênçãos e de profunda alegria.*

– Ora, mas que engraçado isso! Como alguém falaria de boca fechada?! – perguntou rindo... Zombeteiro.

Longe ainda estava ele de saber que o pensamento contém som, cores e, além disso, cria imagens inerentes à natureza do assunto. Jesus se encontrava em espírito. E ela em desdobramento, via-o não pelos olhos materiais, mas pela visão perispiritual. Mas sem saber avaliar o que ouvia, Danti continuou contestando:

– Isso é uma grande bobagem! Ora, Thaisis, como afirmar que a verdadeira vitória é proveniente do amor, se no campo de guerra, por exemplo, quem não mata, morre? Acha por acaso certo que nos confrontos, em vez deles, seja eu a cair por terra?

– Certo seria você não se encontrar entre os que exterminam vidas, o que, para mim, é um grande erro, já que a vida não foi criada pela criatura humana. Há muito que intenciono falar sobre isso, mas...

Ela fez uma pausa e Danti, então, perguntou impaciente:

– Mas, o quê? Prossiga!

– Já que entramos neste assunto, aproveito para abrir o meu coração e externar os meus sentimentos, pois a essa altura, não vivo em paz como outrora, por causa da aflição que sinto enquanto aguardo o seu retorno toda vez que você viaja a trabalho, porque não imagino o que pode acontecer; que não me considero tão ditosa e feliz ao seu lado, como fora antes de você optar pelo exército, pois desde então, você vem perdendo a delicadeza e a fineza de trato, dentre outras qualidades que eram o meu foco de admiração.

Fez mais uma pausa, enquanto observava a reação do seu interlocutor e voltou a falar num tom suplicante:

– Rogo-lhe encarecidamente! Desligue-se da corporação e voltemos para Roma! Além disso, preciso muito estar perto dos meus pais.

– Isso é impossível! Quem se negaria a servir ao império romano? Você não imagina o rigor na disciplina do exército! Eu seria considerado traidor da pátria, por me negar a servi-la e, além disso, graças ao meu bom desempenho, estou prestes a ser promovido. Isso significa mais prestígio e mais dinheiro!

Ele silenciou e Thaisis, ao dirigir o olhar na sua direção, se assustou ao perceber sinais inequívocos de ódio na sua fisionomia. Tanto que ele interrompeu o silêncio e perguntou desdenhoso:

– Você teve, realmente, um sonho...? Uma visão...? Será que não viu esse tal de moço belo, conforme a sua narração, pessoalmente, e agora está inventando toda essa história? Que não passe pela sua cabeça a ideia de me trocar por outro! A espada que traspassa o inimigo na guerra é a mesma que pode fazer tombar traidores! Que não esteja você entre eles.

A expressão foi tocada de ciúme, despeito e indisfarçável ódio. Mas ela, embora assustada, por ter notado quanto ele havia mudado depois que se tornara soldado do exército, respondeu resoluta:

– Não tenho receio da sua espada por saber que a minha conduta não me levaria, em nenhuma hipótese, à desonra.

– Então, nada de visão, principalmente com esse tal de moço cheio de luz... Pura ilusão porque eu nunca ouvi falar de ninguém assim, a não ser que alguém acenda uma fogueira e fique dentro dela! – se expressou zombeteiro e prosseguiu explicando ao seu modo: – eu ainda sou moço e, olha que sou muito atraente. Se não fosse, você não teria me aceitado! Muitas mulheres por aí, gostariam de estar no seu lugar.

– Decidi viver com você, não pela sua aparência física. Mas, sobretudo, pelo que você demonstrava ser interiormente. Agora, entretanto...

Compreendendo o sentido da frase, que ela não se sentiu à vontade para completar, ele voltou a falar, mas num tom aparentemente conciliador:

– Tenho, a partir de hoje, cinco dias de folga, que podem ser muito bem aproveitados para um passeio, caso você aceite o meu convite. Certamente você esquecerá dos pesadelos e eu das imagens da guerra, que somente os valentes, assim como eu mesmo, suportam.

– Eu tenho uma sugestão ainda melhor do que esta: que você aproveite essa folga para decidir a sua vida, antes que seja tarde demais para o desejável recomeço.

– A minha vida será sempre de continuidade e nunca de recomeço!

– Danti, se livre dessa atividade, nada boa, pedindo o seu desligamento. Se não concederem, deserte! Fuja! Pior do que isso, será continuar ceifando vidas! Abandone as armas, troque a farda por uma roupa comum... De um camponês, por exemplo, e saiamos daqui nas caladas da noite. Fugiremos, inicialmente, para a Grécia, onde há pessoas ligadas aos meus pais, por parentesco ou amizade, que poderão nos acolher. De lá, mais tarde, seguiremos para Roma.

– Nunca faria isso, Thaisis! Eu, um desertor?

– No cumprimento da sua atividade no exército, você tem apenas duas opções: matar ou morrer! Por acaso, Roma e os seus exércitos relembram dos soldados que foram mortos durante todas as guerras que vêm promovendo, para subjugar as outras nações, confiscar as riquezas que custaram, ao longo dos tempos, o suor derramado dos vencidos? Entenda, Danti! Você vale muito menos do que imagina, para o exército e para Roma, mesmo sendo a sua pátria. Mas poderá valer muito mais para você mesmo, se mudar o seu comportamento!

Sentindo-se impactado com o que acabara de ouvir e sem qualquer argumento, se expressou rudemente:

– Thaisis, assunto encerrado! Esqueça o convite para o passeio, pois já perdi a vontade e não aborde, em nenhuma hipótese, nunca mais, este assunto, porque eu vou em frente, seguindo a minha própria vontade!

– Você me trocaria pelo exército? – insistiu ela.

– Não vejo sentido na pergunta.

– Sim, há sentido porque eu não sei como viver entre o amor e a guerra! Essa situação anula as minhas condições íntimas para suportar a realidade de que cada vez que você vai atuar, pode morrer ou matar alguns, ou muitos! Pois a verdadeira vitória é a que tem origem no amor, conforme...

– De novo, não!

A conversa foi interrompida, por alguém chamando lá fora. Era um mercador, já deles conhecido, que acabava de chegar.

– Oh, Joseph! – quais são as novidades dessa vez? – perguntou Danti interessado.

– São muitas. Tanto de mercadorias quanto de notícias outras, que começam a circular de boca em boca. Estou vindo de Cafarnaum e trago boas impressões dos fatos que lá vêm ocorrendo.

Parou de falar, no tom de quando se dá por encerrada uma conversa, decidido a não entrar em detalhes, cuidadoso, por não imaginar o efeito que causariam as suas revelações, considerando o fato de estar falando com um militar do exército de Roma. Todavia, a intenção de Joseph, em vez de alcançar o objetivo idealizado, acabou aguçando a curiosidade de Danti:

– Ora, Joseph, continua a conversa! Se os fatos lhe causaram boas impressões, minhas reações poderão ser as mesmas! Fala, homem!

Diante da insistência de Danti, Joseph, embora o receio, voltou a falar:

– Se trata de um homem jovem, belo, sábio e bondoso que, além de ensinar o povo a viver dentro dos princípios do amor, até milagre vem fazendo! Uns dizem que se trata de um novo profeta, outros acham que ele é um dos antigos profetas que retornou e não falta quem defenda-o como o Salvador, anunciado pelas Escrituras, embora haja um número considerável dos que não acreditam nisso.

Mas ainda assim, acreditando ou não, este é o assunto que circula em toda Galileia e Cafarnaum.

– Você o viu? – perguntou Thaisis, notadamente, interessada.

– Vi e ouvi-o falando, na praia. O homem é pura sabedoria. Nunca vi coisa igual!

Mesmo sob o olhar de reprovação de Danti, que não estava gostando do diálogo, ela perguntou:

– É possível descrever a aparência... A sua fisionomia, por exemplo?

À proporção que Joseph falava, Thaisis arregalava os olhos, cheia de admiração. E quando o mercador terminou a descrição, ela exclamou cheia de contentamento:

– Além das coincidências, em relação à aparência, lembro-me de ter visto por trás dele, segundo a posição que se encontrava, muita água! Seria o mar? Pelos Deuses! Foi ele mesmo que vi!

– Você esteve lá? – perguntou curioso Joseph.

– De certa forma, sim. Entretanto, peço desculpas por não entrar em detalhes, pois...
Foi interrompida por Danti, novamente, desdenhoso:
– Então não se trata de simples visão, o que você falou há pouco? Ele existe! Oh, mas que surpresa saber que a minha mulher anda passeando por aí, durante a minha ausência!
Fez uma pausa e a seguir, falou raivoso, apoiando a mão no cabo da espada que conservava-a sempre junto de si:
– Se as minhas suspeitas forem verídicas, primeiro ele, depois você!
Assustado, Joseph pediu desculpas pela conversa e, mesmo sem ter mostrado as mercadorias, montou no camelo e, sem sequer se despedir, afastou-se rapidamente da casa.
– Não gostei do seu comportamento – reclamou ela e prosseguiu argumentando: além da séria ameaça, você demonstrou dúvidas em relação ao meu comportamento na presença de uma pessoa que, sequer, é nosso parente! Você está sendo injusto comigo, pois, eu conheço outras pessoas, lá mesmo em Roma, que são acometidas desse fenômeno, inclusive a minha mãe. Não me sinto culpada por uma situação que acontece, independentemente da minha vontade – se expressou com os olhos cheios de lágrimas.
– Ouço falar, aqui em Jerusalém, de pessoas que são capazes de descobrir a verdade e preveem até o futuro. Vou procurar alguém assim, para interpretar essa sua visão. Espero que seja apenas uma visão ou uma ilusão, pois, do contrário, Thaisis, não medirei a minha reação. Já disse e repito: não tolero traição!

Capítulo 02

CONSULTA À PITONISA

Onde escasseia a confiança, surge a suspeita infundada.
Dizzi Akibah

DEPOIS DE COLHER algumas informações, Danti chegou ao local que desejava, para descobrir, conforme o seu entendimento, se a esposa estava, ou não, enganando-o. Mas em vez de um idoso de barbas longas, como ele pensava, foi recebido por uma mulher, ainda jovem:
— Fui informado que reside aqui, uma pessoa que faz adivinhações. Posso falar com ela?
— Já está falando! – respondeu a jovem.
— Você?!
— Sim. Falo do passado, do presente e, sobre o futuro, até agora, todas as minhas previsões têm ocorrido dentro da verdade. Por isso, sinto-me tranquila para atendê-lo, a depender das suas

intenções, pois não ajo pelo mal e nem para o mau. Mas o que você, realmente, deseja?

Depois de narrar o que ouvira de Thaisis e de Joseph sobre o moço belo da Galileia, conforme a sua própria expressão, concluiu:

– Do passado, eu quero saber se a minha esposa teve mesmo uma visão sobre o citado homem na Galileia ou se ela já o conheceu pessoalmente durante as minhas longas ausências e se deixou fascinar por ele, conforme suspeito; do presente, desejo saber se ela está planejando me abandonar e do futuro, se o citado homem vai continuar lá onde se encontra ou aparecerá por aqui, em algum tempo. É possível isso?

A pitonisa fixou o olhar nele e sugeriu:

– Bons pensamentos, boas intenções, bondade de coração e amor! Sem este último, inclusive, toda realização fica sem um bom sentido e pode dificultar a consecução do que me propõe.

– Quanto devo pagar por isso?

– Essa parte é a última. Venha!

Ela convidou-o para entrar num compartimento da casa onde havia uma mesa e algumas cadeiras rústicas. Na parede, por trás da cadeira onde ela havia sentado, via-se uma frase escrita em letras grandes e bem destacadas: "adoremos ao Deus único, Pai de todos". Ela apoiou os cotovelos na mesa, pôs as mãos no rosto e fechou os olhos, para a habitual concentração. Danti, entretanto, em vez das recomendações que acabava de ouvir, ao ler a frase na parede pensou, referindo-se à jovem mulher:

"Esta mulher deve ser uma pessoa ignorante como a maioria dos judeus. Como pode acreditar nessa ilusão de um Deus único?"

– Seus pensamentos maldosos estão atrapalhando! – observou ela.

Depois de alguns minutos de silêncio, ela voltou a falar, do seu jeito, sem considerar os detalhes de Danti.

– O homem existe e foi visto, mas não pessoalmente por sua esposa, porque ela, segundo o que alguém está me dizendo, pode ir longe sem sair do mesmo lugar.

Ela se referia ao desdobramento que, embora o espírito se desloque a longas ou pequenas distâncias, a depender da sua evolução, o corpo físico, ligado por laços fluídicos ao espírito, permanece no mesmo lugar.

Depois de uma pequena pausa, continuou:

– O referido homem é realmente belo na aparência, mas muito mais interiormente, pois o seu íntimo é como um templo erigido para o amor. Feliz de quem tiver a ventura de vê-lo, ouvi-lo e compreender o sentido das suas palavras, pois jamais o esquecerá. A sua sabedoria atrairá, como já está acontecendo, as multidões, e por onde passar, deixará o seu rastro de luz a iluminar as consciências. Falará, dentre outros, do amor e da verdade com tal sabedoria, que despertará aos doutos, dentre os mais sábios da Terra, muita inveja e despeito, porquanto sendo a verdade combatida pelo temor dos que se encontram fora dela e o amor não aceito por igualar as criatura perante Deus, ele poderá ser perseguido e odiado por uns, mas compreendido e amado por muitos.

Fez mais uma pequena pausa e voltou a falar, dirigindo-se diretamente a Danti:

– Percebo a inquietude do seu íntimo, causada pelo ciúme e pelo despeito. Em vez disso, aja com a mesma expectativa e satisfação da sua mulher, que antevê a alegria de poder conhecer, pessoalmente, o mensageiro do amor, que é uma estrela viva que veio do céu para ensinar a todos o caminho que leva à paz, à serenidade e à alegria de viver. E esse dia já se aproxima, pois ele já está a caminho de Jerusalém.

Dotada de bons sentimentos e de boas intenções, com as moedas que lhe ofereciam, espontaneamente, já que não cobrava pelas orientações que prestava a quem lhe procurava, ela socorria muitos necessitados. A jovem pitonisa foi apenas instrumento mediúnico, porquanto até aquele momento tinha ouvido falar, superficialmente, de Jesus, sem qualquer informação dos seus feitos, das suas qualidades e nem da finalidade dele se encontrar na Terra. As informações foram passadas por um espírito, dentre as centenas que desceram à Terra, para prestar a sua valiosa colaboração na obra redentora de Jesus.

Ela terminou de falar, abriu os olhos e perguntou, calma e solícita:

– Satisfeito?

Não estando em condições emocionais de compreender o que ouviu, porque manteve na mente a ideia fixa de que estava sendo traído por Thaisis, Danti respondeu, equivocadamente, a pergunta da pitonisa:

– Sim. Pude comprovar as minhas suspeitas. Quanto lhe devo?

– Nada! O que faço não tem preço em moedas, principalmente, quando assunto se refere a uma divindade, como no presente caso. Digo-lhe, entretanto que, quem é servido, fica no dever de também servir. Sirva, pelo menos, a sua mulher, em nome do amor, já que ela decidiu viver ao seu lado, provavelmente, levada por bons sentimentos.

Tentando demonstrar que havia aceitado a sugestão da pitonisa, Danti despediu-se dela fingindo que estava satisfeito. Entretanto, a sua intenção era adversa, pois retornou a casa na companhia de uma mulher de meia idade e fisionomia fechada, sem qualquer demonstração que desse a entender, se ela era assim mesmo ou era apenas uma demonstração, devido às circunstâncias momentâneas por causa da seriedade do papel que iria desempenhar, para o qual fora contratada por Danti.

Ao vê-los se aproximando, Thaisis perguntou-se surpreendida e cheia de dúvida:

"Quem é esta mulher, que nunca vi antes e o que quer ela na minha casa?"
A resposta não demorou, pois Danti foi entrando já falando:
– Esta é Dinah. Eu acabei de contratá-la para lhe fazer companhia. Como você sabe, viajo muito e não desejo, doravante, deixá-la sozinha, principalmente agora que vou passar muito mais tempo fora e que, em breve, poderá ocorrer muito rebuliço na cidade. Assim, desejando mantê-la longe de qualquer perigo, a partir de hoje, Thaisis, você não vai poder sair de casa a não ser acompanhada por Dinah, que já está ciente de quando isso poderá ocorrer, em quais condições e situações.
Fez uma pausa e, em seguida, com um olhar desafiante em direção de Thaisis, perguntou:
– Entendeu ou tem ainda alguma dúvida?
Fez a pergunta e sem ao menos esperar a resposta saiu, para não ouvir qualquer comentário da esposa. Ficando apenas o silêncio e a perplexidade por conta da incompreensível atitude para Thaisis que, embora já não se encontrasse satisfeita com o comportamento dele, não esperava chegasse a tanto! Depois de alguns minutos de silêncio incomodativo, Dinah, dirigindo o olhar na direção de Thaisis e vendo lágrimas rolarem rosto abaixo, se aproximou dela e falou junto ao seu ouvido, passando a mão, desajeitadamente, sobre os seus cabelos encaracolados, tentando, sem contudo conseguir, um gesto maternal, já que lhe faltava o sentimento desejável para tal. Mas ainda assim, foi válida a boa intenção, como prova o exemplo a seguir:
– Acho que tenho idade de ser sua mãe, pois você é muito jovem! Não fique assim, porque nem sempre as coisas ocorrem como, momentaneamente, se apresentam. Seu marido se encontra enciumado, imaginando que você está sob a ameaça de alguém que pode lhe conquistar o coração. São bem assim os homens: pensam que são donos das mulheres. Mas ainda vai

chegar o tempo em que isso mudará! Talvez não seja para mim e nem para você, mas para muitas outras que ainda vão nascer.

Fez uma pausa e voltou a falar:

– Dou-lhe um conselho: nunca fale tudo que você sente ou lhe ocorre, pois mesmo sendo esposa dele, não tem o dever de desvendar o seu íntimo. A não ser que queira, de livre e espontânea vontade.

Depois de breve pausa, prosseguiu:

– Fui contratada por ele, para lhe vigiar e dar conta do seu comportamento. Farei isso com responsabilidade e lealdade, conforme me comprometi. Entretanto, em vez de ruim, vai ser bom para você, pois já deu para eu sentir que jamais ele vai comprovar o que imagina sobre você, porque essa suspeita vem do ciúme e do despeito que ele se deixa arrastar.

Em vez de tranquilizar, como demonstrara ser a sua intenção, Dinah acabou preocupando, ainda mais, pois, depois de ter ouvido a narração de Joseph – o mercador – sobre Jesus, Thaisis passou a alimentar a esperança de ver o "moço belo e sábio" da Galileia, por acreditar que se tratava de alguém incomum, se comparado fosse com as demais pessoas, pois já vinha notando muita aridez nos corações do povo judeu, por conta, provavelmente, da revolta que lhe causava o mando de Roma. Mas ali, diante daquela mulher robusta e aparentemente decidida, imaginava que jamais veria, como tanto desejava, aquele que muitos já acreditavam ser um enviado de Deus na condição de redentor da humanidade, conforme anunciavam as escrituras e os profetas. Pior ainda se tornou a situação, porque Danti, durante os dias de folga, pouco se dirigiu a ela, que passou a se sentir desolada, até quando ele viajou sem ideia de quando voltaria, pois sabia, apenas, que seria um longo período. A partir de então, Dinah, astuta, passou a agradá-la, demonstrando gentileza, o que ajudou Thaisis a perder o receio. Assim, as duas mulheres, longe das opressões do soldado, passaram a conversar livremente, como no diálogo a seguir:

– Ele não era assim – começou a falar Thaisis, se referindo a Danti e prosseguiu explicando – começou a mudar após a sua entrada no exército e agora, depois que lhe contei em detalhes o que havia percebido durante um dos sintomas estranhos que me vêm ocorrendo, os quais, por não saber de que se trata, chamo--os de visões. Ele parece outra pessoa, sem qualquer semelhança com o que demonstrava ser no passado.

– Ele tomou a decisão de me trazer para cá, porque ouviu dizer que o referido homem sábio da Galileia, está vindo na direção de Jerusalém.

– Ele, aqui?! – perguntou visivelmente interessada, o que foi facilmente notado por Dinah.

– Foi ele, seu marido, quem deu essa informação.

– Quem é esse homem e por que será que eu fui levada de uma forma tão estranha à sua presença, me deixando tão forte impressão? Lembro-me das suas palavras, como se estivesse ainda ouvindo-as.

– Ninguém fora do comum! Vá ver que os Deuses gostam muito de você e o ser que você afirma ter visto, pode ter sido um deles. Que seja um Deus, que não seja... Esqueça-o! Que ele venha, que não venha... Que importância tem isso?

– Como esquecer o que é bom, se aqui mesmo se vive no meio de tanta falta de justiça proveniente dos meus próprios compatriotas, sobre este povo sofrido? Como não me sentir atraída por alguém que, conforme dizem, é sábio, justo e bondoso? Escuta, Dinah! A essa altura, eu já não acredito nos Deuses cultuados tradicionalmente pelo povo grego e também pelos romanos, porque para mim são apenas mitos! Acho muito mais lógica a crença do povo judeu na existência de um Deus único e criador de tudo! Fala-se muito por aqui, da vinda de um mensageiro enviado pelo Deus único. Quem sabe não seja aquele que vi e tanto me impressionou?

Depois de silenciar por instantes, ela voltou a falar:

– Como gostaria de ter cultivado desde criança esta crença, porque ela conforta, consola e gera esperança! – lamentou.

As tochas se apagaram deixando a cidade de Jerusalém às escuras. Enquanto tantos dormiam, buscando pelo repouso a recuperação das energias gastas nos afazeres do dia, Thaisis mantinha os olhos abertos, tentando encontrar uma saída para a situação conflituosa que experimentava:

– Que faço? – perguntava no tom de quem tem ao lado, alguém para responder; examinava os seus sentimentos e percebia, aflita, que já não sentia a mesma admiração que mantinha por Danti, antes dele aderir ao exército; comparava, saudosa, os melhores momentos vividos durante os primeiros anos de convivência, com os desagrados que experimentava naquele momento e as lágrimas começavam a rolar pelo rosto jovem e belo, já que as últimas palavras de ameaça proferidas por ele, se encontravam em sua mente como se fosse, cada uma delas, um aguilhão a golpear impiedosamente o seu íntimo. Depois do desabafo silencioso promovido pelas lágrimas, mais calma, ela fechou os olhos e, inicialmente, passou a ver uma paisagem deslumbrante e, em seguida, no centro dela, a imagem de uma pessoa que, sob a ótica perispiritual, com que ela a via, foi se aproximando e logo já se encontrava junto dela.

– Chega um momento em que – começou a falar a entidade espiritual e prosseguiu a explicação – direcionada pela divina lei, a vida pede mudanças, pois, dentro dos desígnios do Divino Senhor do universo, nada permanece estático. Por isso, Deus nos enviou Jesus, por enquanto, conhecido na Galileia e em Cafarnaum, simplesmente como Raboni, (mestre em aramaico). Ele já começa a despertar nas consciências adormecidas, o que poderá gerar conflitos interiores, pois, além de, nem todos que forem chamados se encontrarem em condições de discernirem, a acomodação se torna um obstáculo que só será ultrapassado, com coragem e autoconfiança, o que não deverá lhe faltar para o ideal discernimento, já que, doravante, a sua vida, depois de ser tocada pela magia do amor do Mestre, jamais será a mesma de antes. Se melhor ou pior, depende agora da sua preferência.

Fez uma pausa e, em seguida, prosseguiu explicando:

– Assim como na mesma planta há espinhos e flores, você estará entre o amor e a espada. Tal como a flor, que desabrocha no seu tempo, o amor poderá abrir as pétalas, cujo aroma não perfumará apenas a sua, mas a vida de muitos, por onde os passos lhe guiarem. Todavia, pela espada, símbolo da ignorância e da perversidade, o homem tenta subjugar consciências, mas jamais será o real vencedor, pois somente o amor liberta, abre caminhos e segue em frente, conduzindo o ser à mansidão, à bondade e à construção da paz.

A entidade espiritual terminou de falar e Thaisis, sacudindo a cabeça como se isso a livrasse das impressões do que acabava de ver e ouvir, perguntou a si mesma:

– Será que eu estou perdendo o juízo? – falou soltando a voz e acabou chamando a atenção de Dinah que, embora deitada, não estava ainda dormindo.

– Thaisis, você me chamou ou eu também estou tendo visões? – perguntou do outro quarto, onde se encontrava.

– Não Dinah, você ouviu a minha voz, mas eu não te chamei e nem tive a intenção de te acordar.

– Eu não estava dormindo. Mas que se passa? – perguntou já entrando no dormitório de Thaisis.

– Eu me encontro aflita sem conseguir dormir. Tentei, todavia, ao fechar os olhos, fui acometida do mesmo fenômeno...

Passou a narrar com detalhes, o que acabara de ver e ouvir.

Dinah, depois de fixar, por instantes, os olhos nela, deu dois passos à frente e falou deliberada:

– Não seja tão boba pensando nessas coisas que não lhe trarão nada mais que aflição. Vamos fazer algo agradável?

Perguntou, mas sem esperar a resposta, se dirigiu a um compartimento nos fundos da casa, onde fora instalada uma adega e retornou com um vaso repleto de vinho, dividiu o líquido em dois vasos menores, estendeu a mão e disse:

– Toma e bebe! Delicie o vinho, do mesmo jeito que devemos viver as delícias da vida, como encher o estômago de boa comida, ter um homem como companheiro, como é o seu caso e nunca perder uma festa!

Para ela, estes ainda eram os sentidos da sua vida. Vida que, certamente, ainda não havia despertado para a sua real finalidade. Ela continuou, então, falando:

– Ora, ora, tudo passa! Se não aproveitarmos para gozar a vida, chega-se ao fim, já que a morte é certa. Eu, até agora, ainda não tive a sorte de encontrar um homem que desse certo comigo. Mas eu procuro dar à minha vida, somente o que pode me trazer satisfação.

Thaisis ficou parada com o vaso na mão, sem vontade de sorver o vinho. Percebendo isso, Dinah falou cheia de ânimo:

– Bebe isso, menina! Vamos transformar esta noite numa festa!

Mesmo perplexa, com a atitude de Dinah, que tinha realmente idade de ser sua mãe, ela cedeu e sorveu de vez o vinho, esvaziando o vaso.

– Ora, ora, deixa tudo pra lá! – falou Dinah bem mais animada depois de ter ingerido a bebida e prosseguiu tentando, do seu modo, convencer Thaisis:

– Essas visões são ilusões, pois real mesmo, é o que podemos desfrutar da vida! Seu marido é um moço bonito, forte e valente! Mil mulheres, por aí, gostariam de estar no seu lugar! Ora, menina, esquece a visão do moço bonito, mesmo que seja ele um Deus! Seus Deuses são os seus pais e o seu marido, porque são pessoas que certamente a amam e a protegem.

Dinah induzia Thaisis ao esquecimento do "moço bonito", segundo a sua expressão, imaginando que ela estaria se deixando atrair por outro homem e se realmente isso fosse verdade, estaria decidida a não permitir agir de uma maneira equivocada, porquanto teria que prestar conta a Danti de tudo que com Thaisis ocorresse. Mas embora a boa intenção, Dinah estava enganada, já que Thaisis, com a sensibilidade mediúnica acurada, pôde sentir durante o desdobramento, que Jesus não era uma pessoa comum e que a atração que sentira por ele não se tratava de um mero sentimento, mas sobretudo, de algo sublime, que nem ela mesma sabia explicar.

Dinah terminou de falar e começou a cantar, dançar e bater palmas, sob o efeito do vinho que ingeria mais e mais! Thaisis, aos poucos, foi perdendo a timidez gerada pela falta de vontade de agir, simplesmente, por influência de outrem e acabou cedendo. Noite adentro, ouvia-se na vizinhança o ruído das duas mulheres que prosseguiam festejando, absolutamente, nada! Mas ainda assim, elas prosseguiram, até serem vencidas pelo cansaço e pelo efeito do vinho. No dia seguinte, acordaram no chão da sala, onde acabaram dormindo.

– Por Deus, o que fizemos?! – perguntou Thaisis cheia de espanto e vergonha de si mesma, já que aquele comportamento contrariava a educação esmerada recebida dos pais e a sua própria consciência.

– Fizemos o que a vida nos pediu. Creio que você, nunca antes experimentou este tipo de remédio, que prova a sua eficácia, pois você não se encontra mais aflita, como antes. Estou certa?

– Dinah, embora a sua boa intenção de me ajudar, creio que não se muda uma situação, tentando apenas esquecê-la.

– Bem, você sabe para que fui contratada pelo seu marido. Quis ajudar da forma que dá sempre certo comigo, quando não estou bem. Já que não lhe serviu, não devo insistir, porque se você está entre o amor e a espada, segundo suas próprias palavras, é uma questão de escolha e eu não devo intervir. Seguirei, apenas, cumprindo os meus deveres, entretanto, nada farei que possa lhe prejudicar. Sou assim, desse meu próprio jeito, mas não tolero falsidade e nem mentira. A verdade para mim é tudo! Acho que um Deus qualquer me faz pensar assim.

Fez uma pausa e em seguida perguntou:

– Existe Deus da verdade? Se ainda não, é preciso que apareça um.

– Para ser Deus da verdade, Dinah, teria que ser muito poderoso e sábio, pois de que adiantaria ser dono de algo precioso, sem saber o que fazer com ele?

– Não duvido que o povo daqui esteja certo ao afirmar a existência do Deus único, que tanto crê. Mas o pior é que ele mesmo, o povo, se contradiz porque fala do Deus de Moisés, Deus da guerra, Deus de Jerusalém...

– Ora Dinah, por haver contrassenso não se deve achar que tudo é falso ou simplesmente mentira. Você, por exemplo, acha que a verdade é do jeito que você pensa. Entretanto, para se descobrir se é ou não verdade, é bom que se verifique também se é ou não mentira. Pois, do contrário, vamos achar que é falso tudo mais que não signifique o que, particularmente, acreditamos ser a nossa verdade! Como encontrar a verdade antes de esclarecer a dúvida? Os meus pais conservaram, e passaram para mim as tradições gregas, entre elas, a de pensar e raciocinar antes de definir algo. Essa tradição nasceu dos grandes sábios da Grécia.

De conversa em conversa, os dias foram passando e Thaisis se conscientizando de que, além da insatisfação que sentia por causa do comportamento adotado pelo esposo, o medo estava suplantando os bons sentimentos que, antes, mantinha por ele. Bastava pensar no seu retorno, que acabava angustiada e aflita, por causa da incerteza de como seria, doravante, a convivência e dizia para si mesma:

"O meu íntimo pede paz e o dele guerra. Tanto que, antes, eu via a sua espada e não a temia. Mas agora ela é, para mim, um instrumento de morte, tanto quanto vem sendo nos conflitos onde ele marca presença, empunhando-a. O meu ideal se prende ao respeito à vida. Enquanto que o dele, está inserido na ideia de quanto mais vidas ceifadas, mais o guerreiro, aos olhos dos insensatos, se torna valoroso e admirado."

Capítulo 03

A FUGA

As palavras revelam sentimentos. Entretanto, é no olhar que lemos a natureza de cada um deles.
Dizzi Akibah

COMPREENDENDO QUE, DE qualquer jeito, a vida não mais lhe seria como antes, por causa da frieza com que Danti passou a tratá-la; do receio das ameaças; da falta de perspectivas de reverter tais situações e da abertura do despertar da consciência, desde que vira e ouvira Jesus, em espírito, Thaisis resolveu planejar uma fuga, como única saída para a situação, conforme acreditava.

Sabia que, se aquele homem luminoso, cheio de sabedoria e amor, chegasse a Jerusalém, conforme as últimas informações, não resistiria e iria conhecê-lo pessoalmente, ouvir algo da sua profunda sabedoria e isso poderia lhe custar a própria vida e a dele, Jesus, segundo a ameaça feita por Danti.

Assim, na tentativa de encontrar um consenso, acabou concluindo, que o melhor seria, realmente, uma fuga para junto dos pais em Roma, deixando para trás, Jerusalém e os seus constantes conflitos políticos e religiosos. Entretanto, não seria fácil pôr em prática essa ideia, já que Dinah vigiava-a vinte e quatro horas de cada dia. Não permitia que ela saísse da casa, para qualquer local da cidade, sem a sua companhia. À noite, sempre que acordava, ia até o quarto de Thaisis verificar se ela estava em casa. Afinal, fora ela contratada para este fim e, segundo a sua própria afirmação, cumpriria com lealdade o compromisso, já que seria muito bem recompensada.

Entretanto, não sendo a rigidez uma atitude fundamentada nos princípios da fraternidade, por si mesma torna-se vulnerável ante os bons princípios. Thaisis que sabia agir com sutileza, depois de entregar um pedaço de pergaminho contendo a relação de alguns gêneros alimentícios, pediu a Dinah para comprá-los.

– Pode me fazer este favor?

– Não seria isso uma tarefa para servos? – questionou, demonstrando contrariedade, por achar que o pedido de Thaisis era-lhe humilhante.

– Necessariamente não, Dinah! Eles não são originalmente escravos, porquanto foram criados pela mesma inteligência divina que nos deu origem. Encontram-se nessa situação, por causa da falta de amor e do egoísmo dos que se imaginam melhores do que eles, o que se trata de um grande equívoco. Por isso eu não adoto esta prática, porque ela humilha o ser humano. E já que tenho um corpo sadio e muita disposição, por que deveria manter cativos em minha casa?

– Acho estranho este comportamento para uma cidadã romana, mas de certo modo, não deixa de ser uma atitude admirável! Tudo bem. Eu posso ir às compras, mas você irá comigo, porque não devo deixar de cumprir o compromisso que assumi com o seu marido!

– Não creio, Dinah, que tamanha rigidez proporcione a pacificação que o seu coração pede. Estou lhe pedindo, porque não me encontro bem.
– O que você está sentindo, Thaisis? – perguntou Dinah reconsiderando a sua atitude.
– Muito desânimo. Acho que as aflições estão me fazendo mal.
Dinah pegou o pergaminho contendo a relação do que iria comprar e disse resoluta:
– Não me engane! Fique certa de que ninguém nunca me fez de boba e nem fará em tempo algum.
– Não confia em mim?
– Ainda não lhe conheço a ponto de poder confiar. Entretanto, vou abrir um precedente, dando-lhe um voto de confiança.
Logo que Dinah saiu, Thaisis juntou algumas roupas e objetos pessoais, se dirigiu à casa de Joella, única amiga judia, desde que ali chegara. Segredou-lhe o seu plano de fuga, falou dos motivos que lhe levavam a tomar esta decisão e pediu para ela guardar a pequena bagagem. Dias depois, recebeu uma carta de Danti, informando a data que chegaria, o que ocorreria, em dois dias. No dia seguinte, ela acordou cedo, fez uma arrumação bem diferente na casa, foi à área ajardinada que ficava ao lado, colheu flores e enfeitou a moradia dando um tom de festa. Dinah, depois de observar com bastante atenção a atitude de Thaisis, deduziu:
– Penso que você, enfim, tomou juízo, esqueceu o tal do moço belo da Galileia e compreendeu que deve aceitar o seu marido para com ele desfrutar a vida, já que sendo tão jovens, têm muito tempo pela frente. Isso mesmo! Prepare a casa, para quando ele chegar, fazermos uma festa alegre, em comemoração à reconciliação.
– Dinah, meu coração me pede alegria, para hoje! Portanto, convido-a para, como naquele dia que dormimos no chão, vivermos novamente momentos de descontração. Eu e você. Só nós, já que não há mais ninguém.

— Eu sabia que você iria gostar! Tanto que, agora quer repetir — falou satisfeita, sem passar pela sua mente o que estava para acontecer.

À noite, Thaisis fez questão de ir para a cozinha, preparar um jantar especial para elas. Entretanto, o seu interesse estava ligado a seguinte atitude: sem vontade de ingerir o vinho, ela enchia os vasos, levava um para Dinah, que se encontrava na sala e o dela, em vez de beber, jogava o líquido fora, sem que Dinah percebesse. Mais tarde, Dinah, a exemplo da vez anterior, começou a cantar, dançar e bater palmas, sob o efeito do vinho. Thaisis, entretanto, fingia que se encontrava alegre, mas a sua mente estava repleta de incerteza e o coração cheio de angústias, pois iria seguir por caminhos desconhecidos e não saberia avaliar os perigos que poderia encontrar.

Assim, as horas foram passando e por volta das quatro horas da manhã, Dinah, já cansada e quase embriagada, deitou-se no chão e dormiu. Thaisis foi num baú, onde sabia que Danti guardava dinheiro, pegou o quanto achava que seria necessário para chegar a Roma, escreveu alguma coisa para Dinah num pedaço de pergaminho, encostou a porta e seguiu em direção da casa da amiga Joella para pegar os pertences que lá havia guardado. De lá, saiu pelas ruas, ainda desertas, caminhando rápido, na direção do portão de entrada e saída da cidade, como se estivesse sob ameaça de um constante perigo, mas ao se aproximar, percebeu com desalento, que soldados do exército vigiavam a passagem. Como o pássaro aprisionado na gaiola, que busca, constantemente, uma passagem para fugir, ela seguiu beirando o muro e mais na frente, encontrou uma fenda — abertura que dava para passar, atravessou o muro e seguiu pela estrada. A qualquer ruído que ouvia, assustava-se e caminhava mais rápido.

O dia já estava amanhecendo e sem demonstrar cansaço, ela subiu numa ribanceira íngreme à margem da estrada e se encantou ao ver o sol que acabava de nascer, energizando a vida com os seus raios dourados; os pássaros cantarolando e a brisa suave perpassando, parecia brincar com os cachos dos seus cabelos caídos aos ombros, o que lhe proporcionava um bem-estar inenarrável. Ante a beleza dos raios dourados que refletiam no tecido claro da roupa que vestia, ela começou a falar para si mesma:

– Tudo isso que contemplo, neste momento, não pode ter sido criado por um Deus qualquer, mas sim, por um que conhece todos os segredos das coisas e da vida. Um Deus assim... Oh! Só pode ser Deus único da crença do povo hebreu.

Silenciou por alguns instantes e, em seguida, começou a falar:
– Oh Deus, grande Deus que comanda o Universo; que cria e mantém a vida; que movimenta o vento; faz as águas descerem rio abaixo e as ondas no mar, no seu constante vai e vem; que põe na mente a inteligência para o certo discernimento e em cada coração, uma fagulha de amor. Se és, assim, tão grande e sábio a ponto de criar a vida, saiba que reconheço a Sua paternidade e me sentindo Sua filha, caminharei, doravante, sem receio. Enfrentarei, como enfrento agora, o desconhecido e tantas outras situações que, porventura, eu venha a me deparar.

Fez rápida pausa e prosseguiu:
– Abençoa grande Deus, aqueles que fazem o bem, que consideram a amizade, que usam a sinceridade, que agem com justiça e que já aprenderam amar. Sendo assim, tão sábio e bondoso, socorre aqueles que, enganosamente, dedicam a vida a ferir e matar seu irmão, nas injustificáveis guerras, como aquele que tomei como esposo, mas que, agora, não me sinto em condições de conviver com ele, pois, as mãos que matam, não podem se expressar num ato de ternura. Sim, Senhor, caminharei sem receio, mas ainda assim, por me encontrar incerta do que estou fazendo, busco em Ti a ajuda necessária para discernir.

Parou a prece, assustada, ao ouvir tropel de animais na estrada. Mas como estava próxima a uma árvore, desceu rápido a ribanceira, tentou se esconder por trás do tronco, de modo que não fosse vista e ficou atenta. Mas a sua tentativa foi em vão, porque instantes depois, ela ouviu numa voz forte a expressão de surpresa de um dos mercadores que se aproximavam do local:

– Oh! Mas que faz uma jovem mulher sozinha, nesta estrada, ainda tão cedo?!

A expressão cheia de surpresa do mercador, era baseada nos costumes da época. As atividades das mulheres judias se prendiam, tradicionalmente e quase que, exclusivamente, ao lar, enquanto que, todas as funções, fora do lar, desde as mais simples às consideradas de maior importância, cabiam ao sexo masculino. Assim sendo, era realmente de se estranhar ver uma mulher jovem, bela e desacompanhada, num lugar ermo.

– Meu destino é Roma – respondeu ela, e prosseguiu o diálogo – andei até aqui, na esperança de encontrar alguém que me venda um camelo, pois, desejo chegar ao porto da Cesareia, onde pretendo embarcar para Roma.

– Poderia te vender um dos que trago de reserva. Entretanto, não há necessidade, porque nós estamos indo de cidade a cidade, até chegarmos a Cafarnaum e já que a Cesareia está em nosso percurso, se você confiar em nós, poderemos seguir juntos. Somos três homens, entretanto, você não precisa ficar receosa, pois somos pessoas de bem. Eu sou o pai deles dois – falou, apontando para os filhos.

Já que Thaisis ficou calada e pensativa, ele reiterou:

– Não tenha receio, porque somos pessoas de bom comportamento!

Desajeitada, ela não conseguia subir no camelo, mas ele ajudou-a com boa vontade e presteza:

– Agora, sim. Daqui a pouco o sol vai estar muito quente e,

além de você não suportar o calor sufocante, não deveria seguir sozinha!

Deixaram o local e depois de ter percorrido alguns quilômetros, ele percebeu que Thaisis estava ficando para trás. Esperou-a e falou sorrindo:

– O camelo é um animal dócil, muito resistente mas, aparentemente preguiçoso, já que precisa de incentivo para aumentar os passos.

Depois de puxar conversa, seguiram a estrada, lado a lado conversando:

– Nós estamos levando mercadoria para as vendas que pretendemos fazer, por onde passarmos. Até chegar a Cesareia, nós faremos, apenas, duas paradas, para não atrasar muito a sua chegada ao porto.

– Não se preocupe, porque quando estamos bem acompanhados, como me sinto agora, a pressa desaparece.

– Sou grato por confiar em nós e afirmo que há reciprocidade da nossa parte. Cesareia não está muito distante de Jerusalém. Longe mesmo é a Galileia!

– O senhor faz sempre esse roteiro até a Galileia? – perguntou interessada.

– A minha preferência são as cidades mais próximas de onde eu moro. Entretanto, dessa vez, estou indo a Cafarnaum, procurar um homem que, segundo dizem alguns que lá o conheceram, é provido de admirável sabedoria. Quando abre a boca para falar, as palavras saem como se fossem música e o que ele diz vem mudando os costumes dos que prestam atenção com interesse. Falam também, que é tão belo como ainda não se viu igual, mas que a referida beleza, que tantos admiram, não é apenas na aparência externa, mas algo dentro dele, que reflete em seu semblante. E que, além disso, vem curando doentes, aleijados, cegos... Estamos indo procurá-lo por dois motivos: o primeiro é que, com todas estas qualidades, só posso imaginar que se trata do salvador esperado e anunciado pelos profetas, conforme consta nas escrituras. O segundo motivo é pedir a ele, para curar a minha esposa, que foi acometida de uma doença nas pernas, o que já a impede de caminhar. A pobre vem sofrendo muito!

Thaisis sentiu o coração saltitando no peito, tamanha emoção que fora acometida, ao ouvir falar de Jesus. Lembrou-se do que lhe dissera o mercador Joseph, quando esteve em sua casa e perguntou ao mercador:

– Gostaria muito de conhecê-lo pessoalmente. Posso acompanhá-los até Cafarnaum?

– Se você estiver disposta a enfrentar uma longa viagem, será satisfação para nós!

– Não medirei esforço e nem cansaço a fim de conhecê-lo pessoalmente.

Thaisis silenciou. Todavia, intimamente alegre, começou a selecionar algumas perguntas que gostaria de fazer a Jesus, mas o pensamento foi interrompido, pois, Josafah que havia, também, silenciado, voltou a falar:

– Vamos parar um pouco, sob a copa de uma árvore!

– A sombra de uma árvore é boa proteção contra os raios quentes do sol – comentou Thaisis.

– O atrativo de uma árvore na beira da estrada, não é apenas a sombra. Ela, a qualquer hora, é pouso para o viajor, pois a copa composta por galhos e folhas, não deixa de ser um teto vivo que, se protege dos raios quentes do sol, serve de abrigo contra a chuva, tanto para os homens, quanto para os animais. E, além disso, há algo mais que não sei explicar: o bem-estar que sinto quando estou sob ela.

Desceram dos camelos, tiraram-lhe as cargas, forraram o chão com algumas mantas usadas e sentaram-se. Thaisis sentou-se numa pedra, há alguns metros. Josafah, então, convidou-a:

– Venha! Junte-se a nós, para saciar a fome!

Ela, que àquela altura do dia, ainda não havia se alimentado, depois de agradecer pela gentileza, juntou-se a eles.

– Temos o hábito de, antes de cada refeição, agradecermos a Deus pelo alimento, por sabermos que tudo foi por Ele criado. Terminou de falar e com as mãos postas, começou a oração:

> *Grande Deus que, com amor, criou a criatura humana, a Terra com tudo que está sobre ela; os animais, como estes camelos que nos conduzem passo a passo e sem reclamar, a longas distâncias; as árvores que contribuem com a vida, fornecendo o alimento, o mel que vem da abelha e o pão que vem do trigo, o que agora saciará a nossa fome.*
>
> *Gratos somos, ó Pai, por tudo isso e te pedimos a oportunidade de conhecer teu enviado, o Salvador, conforme os profetas, pois o meu coração me diz que ele já se encontra entre nós.*

Terminou a prece, abriu os olhos e antes de levar à boca o primeiro pedaço de pão com mel, ouviu vozes ao longe e falou:

– Vem gente aí! Esperemos um pouco, pois se for alguém que esteja faminto, como nós, dividiremos o alimento.

Ele se levantou, Thaisis fez o mesmo e viu apontar ao longo da estrada, um grupo de homens e mais atrás muitas pessoas acompanhando. Sentindo que a sua visão ampliava, como nas outras vezes, ela fixou o olhar na direção, percebeu que a fisionomia e a auréola luminosa sobre a cabeça de um deles, assemelhavam-se às mesmas que havia visto durante o desdobramento, quando vira Jesus pela primeira vez. Curiosa, à proporção que ia observando, a sua visão ia ampliando cada vez mais e ela então, passou a ver, além da fisionomia e da auréola luminosa, também os olhos como duas estrelas e o brilho reluzente do olhar, dando--lhe certeza de que se tratava do moço belo e sábio da Galileia. Não se contendo, exclamou vibrando de alegria:

– É ele! Ele está vindo!
– Ele quem, minha jovem? – perguntou Josafah, curioso.
– O mesmo que iríamos procurar na Galileia!
– Oh, grande Deus, que ventura nos vem da tua misericórdia! – exclamou o mercador, não menos emocionado e ficou aguardando.

Jesus parou em frente à Thaisis. Ela então, lembrou-se das perguntas que gostaria de fazer, mas tomada por forte emoção, acabou ficando sem voz.

Jesus, então, disse-lhe:
– Nem sempre uma fuga é motivada pelo medo.

Silenciou e depois de observá-la por instantes, continuou:
– Chega um momento em que a vida rompe as barreiras da acomodação e passa a trilhar o caminho do necessário despertar, objetivando a autoiluminação.

Fez outra pausa e depois de mirá-la novamente por instantes, voltou a falar:
– Observa os anseios do teu coração, todavia, não esqueça de orar e vigiar, pois a sua vida durante um período, que ainda está começando, estará entre o amor e a espada e o destino, consequentemente, no seu próprio discernimento.

Sentindo-se anã, ante a grandiosidade de Jesus e a carinhosa atenção que dele recebia, Thaisis falou, sem conseguir ocultar a timidez:
– Senhor, gostaria de segui-lo.
– Os caminhos a serem percorridos não nos oferecerão somente flores, pois, além dos espinheiros nas suas margens, há pedregulhos não tão fáceis de serem vencidos. Siga-me amando, perdoando, servindo, tolerando... Não é preciso que te encontres onde os meus passos me conduzem, porquanto, nos caminhos que estão sendo agora trilhados, não ficarão apenas as nossas pegadas na areia, mas rastros de luz, que clarearão a obscuridade da ignorân-

cia que atrofia a inteligência e adormece os bons sentimentos, os quais aguardam o toque do amor ou da lágrima para o devido despertar, não apenas neste momento, mas pelos séculos vindouros.

Fez uma pausa dando ensejo para Thaisis assimilar o que ouvia e depois de instantes, prosseguiu:

– Se porventura aceitares os meus ensinamentos, praticá-los e levá-los ao longo dos caminhos, tua opção terá sido feita pelo amor que, além de sobrepujar a espada da indiferença e da acomodação, no final, terás vencido a ti mesma e então, te sentirás venturosa.

A essa altura da conversa, Thaisis ajoelhou-se aos pés de Jesus. Mas logo que ele terminou de falar, estendeu-lhe as mãos e disse amável:

– Ergue-te, filha! Guarde este teu gesto para um momento de oração a Deus.

Depois de silenciar, por instantes, ele olhou na direção de Josafah que, naquele momento, se deixara, também, dominar pela emoção e, por mais que tentasse formular o pedido de cura para a esposa, como era a sua intenção, não encontrava palavras.

Jesus, então, disse-lhe:

– Não te esforce buscando palavras certas para expor-me o que deseja, pois a tua fé acaba de realizar o teu desejo. Notifique, todavia, a beneficiada, que não peque mais, para que isso não lhe volte a ocorrer.

Josafah se ajoelhou ante Jesus, foi com a mão à túnica do Mestre, a qual, descia até abaixo da cintura e beijou-a.

– Ergue-te, pois há muito a realizar, usando como instrumentos de ação, a verdade o amor e a razão.

Josafah levantou-se e Jesus então balbuciou:

– Que a paz fique convosco.

Logo que ele e todos que lhe acompanhavam sumiram na curva da estrada, Thaisis falou vibrante de alegria:

– Iríamos a Cafarnaum para encontrá-lo, entretanto, em vez de irmos a ele, ele veio a nós! Estava certa a informação de que ele estaria a caminho de Jerusalém!

Fez uma pausa e falou entristecida:

– E esse foi um dos motivos que me levaram a empreender uma fuga, pois eu já estava sendo perseguida antes dele chegar a Jerusalém.

Josafah sentiu curiosidade, mas não pediu qualquer explicação. Se ela quisesse falar, ouvi-la-ia com atenção, porque havia aprendido a respeitar as particularidades das pessoas. Com esse pensamento, ele fez apenas uma pergunta:

– E agora, qual será o seu destino, já que não prosseguiremos a viagem que planejávamos? Seguiremos um novo roteiro para vender as mercadorias e retornaremos a nossa casa, pois estou ansioso para lá chegar e ver o meu desejo realizado. O meu coração me diz que a minha companheira já voltou a caminhar.

Logo que Josafah decidiu ir a Cafarnaum pedir a Jesus a cura da esposa, moldou, mentalmente, a imagem dela caminhando normalmente. Acreditava tanto que isso iria acontecer, que chegava a sorrir de contentamento, a ponto dos filhos imaginarem, que ele estaria rindo à toa. No momento que, ante Jesus, ele tentou falar e não conseguiu por causa da forte emoção, fixou com toda energia e sentimento, a imagem da esposa curada e cheia de alegria. Foi justamente nesse momento que Jesus percebeu que a imagem da mulher, conforme se encontrava na mente de Josafah, já não se tratava de uma fixação mental, mas sim, uma realidade. Exatamente por isso, foi que ele, Jesus, afirmou que a fé havia realizado o desejo.

– Volto a Jerusalém – disse Thaisis prosseguindo o diálogo e explicou: – como ele anda a pé e visita todos os lugares para levar a sua mensagem, estou certa de que chegarei lá antes dele, caso o senhor me venda um dos seus camelos.

- Você gostou do que lhe conduziu até aqui?
- É dócil e parece mais paciente do que eu mesma! – falou sorrindo.
- Então, é seu!
- Quanto lhe devo pagar por ele?
- Nada me deve. Eu gostaria, apenas, de merecer a sua amizade e a sua atenção, se espontâneas.

Depois de se despedirem com um abraço afetuoso, ele disse:
- Creio que ainda nos encontraremos! Quem sabe, lá mesmo em Jerusalém, na época de celebração da páscoa? A não ser que você ainda decida ir para Roma, como era a sua intenção.

Não obstante já terem se despedido, continuaram conversando e o assunto, que parecia não ter fim, tinha como base as impressões geradas no inesperado encontro com Jesus. Assim, sem se importarem com o tempo, quando se deram conta, a noite já ostentava o espaço celestial pontilhado de estrelas. Josafah, depois de contemplá-las por alguns minutos, comentou:
- E tem muita gente por aí que mesmo contemplando esta maravilha, tenta negar a existência de Deus!
- Se não foi o homem quem criou, quem foi, então? Bastava buscarem resposta para esta pergunta e, certamente mudariam de ideia! – comentou Thaisis.
- Gosto de viajar à noite, principalmente durante o verão, embora o receio, pois de quando em vez, ouve-se falar de salteadores que saem aos bandos pelas estradas, a fim de roubar. E por falar nisso, acho muito perigoso você, sozinha por esta estrada deserta! Não deve prosseguir até que o dia amanheça.
- Mas, não seria, nesse caso, também perigoso ficar aqui?
- Se fosse o seu pai lhe deixaria aqui, sozinha?
- Em nenhuma hipótese! – exclamou ela, convicta.
- Pois eu também não! E isso em nada vai nos atrapalhar, porque já tracei um novo roteiro. Há um povoado a alguns qui-

lômetros, onde vamos deixá-la na casa de um bom amigo, pessoa de confiança e da minha alta estima. Se ele não se encontrar em casa, pois viaja muito, já que é também mercador, a sua família lhe receberá com muita cordialidade.

Montaram nos camelos e deixaram para trás a árvore que, além de lhes servir por algumas horas de teto, ficaria na lembrança, por ter ocorrido sob a sua copa, o inesquecível encontro com Jesus.

Chegaram ao povoado e, antes de Josafah descer do camelo, o seu amigo já estava de braços abertos para recebê-lo:

– Há quanto tempo isso não acontece! Ora Josafah, você anda muito sumido! E as novidades?

Depois do abraço afetuoso, Josafah respondeu:

– Novidades? São muitas e boas. Mas não vamos conversar muito, porque estou passando aqui, com a finalidade de pedir pouso para esta jovem que, embora a tenha conhecido hoje, já a tenho como filha do coração. Posso contar?

– Tudo que você quiser, precisar e me for possível – falou e chegou à porta da casa, chamou a esposa e filhos e apresentou Thaisis, que foi acolhida pela família, com manifestações de alegria.

– Passarei aqui em breve e com mais tempo, para conversarmos muito – disse Josafah estendendo a mão para se despedir, mas o amigo, então, perguntou:

– E as novidades?

– A melhor de todas elas, Thaisis contará com muito mais clareza do que eu, pois é uma moça estudada e passou pela mesma emoção. O resto fica para depois, bom homem!

Thaisis, depois de agradecer a Josafah pela companhia e pelo camelo, que recebeu de presente disse-lhe:

– Nunca vou esquecê-lo. Mesmo que não mais nos encontremos, o senhor estará sempre nos meus melhores pensamentos.

Josafah deixou o povoado. Thaisis, por sua vez, já estava desfrutando da gentileza e amabilidade dispensadas a ela, pela família.

– Bem-vinda a nossa casa, jovem! Fique à vontade, coma bem e descanse um pouco, pois Josafah disse que você nos contará uma boa novidade!

Terminado o rápido jantar, todos da família estavam na expectativa para saberem qual seria a boa-nova (notícia). Sem se fazer de rogada, Thaisis narrou o encontro com Jesus, o que viu e o que ouviu, naquele momento que, para ela, se tornaria inesquecível e concluiu perguntando:

– Acreditam que seja ele o redentor anunciado pelos profetas?

– Sim. Nós não duvidamos, pois, para fazer as coisas que você acaba de narrar, só pode ser mesmo o Redentor – respondeu o pai, por toda a família.

A conversa se alongou, pois Thaisis passou a falar do que já tinha ouvido sobre Jesus: os milagres, a sabedoria, a bondade...

– Estava certo Josafah ao me dizer que a novidade era boa. Eu digo mais: é a melhor que ouvi nos últimos tempos.

A simpatia que Thaisis irradiava afetou aquelas pessoas de tal modo, que no dia seguinte, quase não a deixam sair. Mas ela, mantendo a intenção de chegar em Jerusalém antes de Jesus, agradeceu a acolhida e, embora incerta do que poderia lhe ocorrer, sozinha pela estrada, durante a viagem, montou no camelo e seguiu rumo a Jerusalém.

Passava do meio dia. Com o sol causticante e o camelo caminhando lentamente, Thaisis parou na sombra de uma árvore, mas quando ainda descia do animal, ouviu tropel de animais e vozes, muitas vozes, formando um alarido. Assustada, puxou a rédea do camelo, entrou no mato ao lado da estrada e ficou aguardando, temerosa, por imaginar que poderia ser Danti à sua procura. A sua imaginação estava certa, pois se tratava de um

grupo de soldados do exército. Em minutos já se aproximava do local e embora o alarido, ela pôde distinguir a voz de Danti:
– Vamos parar um pouco nesta sombra, porque o sol está muito quente!
– Danti, por que você não muda de ideia, já que ninguém deve ser forçado a viver com alguém que não deseja? Se ela saiu de casa, deve ter sido motivada por algum desgosto! – puxou conversa um dos companheiros por nome Enzo.
– Eu continuo achando que ela se deixou fascinar pelo suposto salvador!
Danti não teve coragem de dizer aos companheiros que estava enciumado, e de revelar as suas intenções em relação a Thaisis, porque sabia que perderia o apoio deles.
– Você não tem certeza disso. Portanto, é melhor cuidar da sua vida e deixar as coisas acontecerem. Quem sabe, ela se arrepende e decide voltar para casa? – perguntou Enzo.
– Desistir, nunca! Nem que ela se escondesse no inferno, eu a encontraria, pois a maldita traição já começa a arruinar a minha vida! E, esse tal de salvador, não perde por esperar. Soube que ele está vindo a Jerusalém.
– É muita maldade! Como odiar uma pessoa que sequer conhece?
– Maldade ou não, verei o que ele fará com a sabedoria que dizem ter, quando ver o fio da minha espada apontando para o seu coração!
Mesmo com as mãos trêmulas, por causa do sistema nervoso abalado, enquanto ouvia o diálogo dos soldados, Thaisis acariciava a cabeça do camelo, para evitar que ele ficasse inquieto, pois qualquer ruído, certamente a denunciaria.
– Estivemos ao seu lado percorrendo as ruas da cidade – prosseguiu Enzo falando – e agora estamos aqui, expostos ao sol quente, calor e poeira, imaginando que, ao nos pedir para acompanhá-

-lo, o seu objetivo seria a reconciliação. Entretanto, pelo ódio que demonstra contra ela, penso até que será capaz de matá-la e isso é maldade! A partir deste momento, não conte comigo!
– Comigo também não – falou outro.
De um a um, quase todos se manifestaram contrários às intenções de Danti. Apenas um ficou do seu lado, argumentando:
– Não tolero traição, principalmente de mulher para com o marido.
– E quando o traidor é ele, o marido, é tolerável? – perguntou Enzo.
A pergunta ficou sem resposta, já que não havia argumento.
– Sabe de uma coisa? Esta conversa já está me enervando. Vamos seguir em frente! – bradou Danti sem suspeitar que Thaisis estaria ali, tão pertinho, com o rosto banhado de lágrimas, pedindo a Deus, em oração, para abrandar o ódio que ele demonstrava contra ela nas suas expressões.
Depois que ele seguiu estrada afora, ela respirou fundo e falou a si mesma:
– É verdade que me encontro entre o amor e a espada!
Saiu do esconderijo, montou no camelo e seguiu viagem, convencida de que deveria perder o medo, ir em frente e chegar a Jerusalém antes de Jesus, já que intencionava torná-lo ciente do perigo que estava correndo, segundo a sua imaginação, já que, acabara de confirmar as más intenções de Danti.

PELA ESTRADA, EMBORA contrariado, Danti ouvia as observações de Enzo determinado a ajudá-lo a mudar as predisposições:
– É preciso que você tenha cuidado, porque o povo judeu não oculta as demonstrações de ódio contra o império, o exército...

Contra nós todos! O suposto profeta ou salvador, conforme informações vindas da Galileia e de Cafarnaum, por onde passa, reúne multidões, atraídas nem sei por quê. Melhor não entrar em choque com essa gente. O comando do exército já está ciente de tudo isso e recomendou evitar conflitos! Você esqueceu disso? Melhor mesmo é procurar rever a sua vida e descobrir o que desagradou a sua mulher. Isso é o que eu faria, se estivesse em seu lugar.

– Da minha mulher, cuido eu!

O ódio é veneno que corrompe e corrói a paz, a esperança e a alegria de viver. Enquanto Danti se chafurdava na ira, Thaisis seguia caminho inverso. Embora aflita, começava a alimentar a doce esperança de dias melhores para a humanidade que, doravante, com o advento do Salvador, o mundo num breve futuro, não seria o mesmo.

Capítulo 04

ROTAS INVERSAS

> *Onde escasseia a luz do amor, as trevas se instalam.*
> **Dizzi Akibah**

DINAH DESPERTOU, AINDA sentindo o efeito do vinho ingerido em excesso, se dirigiu ao quarto de Thaisis e deu dois toques na porta, falando:

– Está na hora de acordar, mulher!

Estranhando o silêncio, abriu a porta e vendo a cama vazia, começou a chamar Thaisis a toda voz. Já que ela não respondia, foi verificar os outros compartimentos da casa e não a encontrando, se deixou dominar pela aflição e passou a falar sozinha:

– Danti vai me crucificar, do mesmo jeito que fazem com os malfazejos!

Voltando da adega, último local que foi verificar, viu o pergaminho escrito por Thaisis, sobre a mesa, com o seguinte teor:

Dinah, estou deixando esta casa e também Jerusalém, porque, como ouvi do ser espiritual que me apareceu na última visão, me encontro entre o amor e a espada, que está bem próxima a mim como ameaça constante, conforme se expressou Danti. Que seria melhor, morrer tão jovem, como ainda sou ou prosseguir vivendo, amando as pessoas e a própria vida? Não há condições íntimas de prosseguir ao lado de um homem, que tem sempre as mãos sujas de sangue. Estou convicta de que não serei entendida, talvez, por você mesma. Entretanto, assumo os meus atos, sejam quais forem os resultados das minhas ações.

Quero pedir desculpas, pois não posso imaginar a reação de Danti, já que você estava sendo muito bem gratificada, para me vigiar as vinte e quatro horas de cada dia. Deixo-lhe ciente de que não deve perder tempo à minha procura, pois, não me encontrará.

Adeus, Dinah!

– Estou perdida! Perdida! – falou aos gritos, apavorada, sem saber o que fazer, pois, sequer imaginava as consequências que adviriam e continuou cheia de pavor, falando sozinha – estou certa que Danti vai matar-me! A minha única salvação é também uma fuga ou a procura daquela louca, que acabou me deixando nesta situação vexatória! Só que eu preciso de dinheiro, dinheiro!

Falou e saiu procurando em todos os recantos da casa até encontrar o mesmo baú, onde Thaisis já havia pego a quantia que lhe interessava e, ao abri-lo, exclamou:

– Que maravilha! – sentiu vontade de esvaziar o baú, contudo, a consciência lhe chamou à razão – pego somente o valor do meu salário, que ainda não foi pago – disse ela, contando as moedas.

Desesperada para desaparecer dali, se esqueceu de fechar a porta da casa. Um pouco mais de uma hora, Danti se aproximava, cantarolando como sempre. Antes de chegar, vendo a porta da casa aberta, soltou a voz:

– Thaisis cheguei! – ele entrou na sala e não vendo ninguém, voltou a chamar à toda voz: – Thaisis! Dinah! – entrou no quarto de Dinah e viu algumas roupas dela penduradas. Entrou no outro, que era usado por ele e Thaisis, a cama estava intacta, sem qualquer sinal de que havia dormido alguém ali. Parou um pouco para pensar e lembrou-se do dinheiro que guardava no baú. Lá chegando, vendo tudo remexido e faltando grande parte das suas economias, imaginou que ladrões teriam assaltado a casa e dado cabo da vida das duas mulheres. Com a mente em desalinho, chegou à sala e acabou vendo o pergaminho escrito por Thaisis, que Dinah esqueceu de guardar com ela ou destruir.

Depois de ler o conteúdo do bilhete, descontrolado pelo ódio, começou a bradar:

– Vou te encontrar, traidora! Está comprovada a causa da tua fuga! Agora, são três que morrerão pela minha espada!

Saiu dali e, imediatamente, deu início a uma caçada sem trégua, à mulher que, outrora, ele afirmava amar de todo o coração. Ali entretanto, envenenado pelo ódio, pelo ciúme e pelo despeito, transformava-se num algoz capaz de qualquer perversidade. Com alguns companheiros de farda, começou a percorrer as ruas e lembrando-se da casa de Dinah, seguiu direto para lá. Entretanto, para aumentar ainda mais a sua revolta, encontrou-a fechada. Chamou, gritou, xingou-a com nomes feios assustando a vizinhança e seguiu em frente. No fim do dia, exausto, sem ter se alimentado, pois não sentia fome por causa do ódio, voltou à casa. No dia seguinte, logo cedo, os companheiros já se encontravam à porta da casa, para mais um dia de procura. Foi quando ele decidiu procurá-la na estrada, conforme já narrado.

ENFIM, THAISIS, SEM mais qualquer tropeço já se aproximava de Jerusalém, mas, ao se lembrar que a entrada da cidade poderia estar, realmente, vigiada por soldados sob a recomendação de Danti, ela parou o camelo a certa distância.

Era uma situação vexatória para ela que, além de se encontrar sozinha, sem conhecer mais ninguém a não ser Joella, a única amiga na cidade, estava sendo procurada e ameaçada, embora àquela altura, depois de ter se encontrado com Jesus, ela se sentisse fortificada, a ponto de não mais assinalar no íntimo, a aversão de antes em relação a Danti, mas sim, um misto de receio e compaixão.

– Oh, Deus, que faço? – formulou a pergunta sem ter ideia do que fazer.

Entretanto, instantes depois ouviu ruído de tropel de animais que já apontavam na estrada. Eram mercadores que, minutos depois, já passavam pelo local. Num ímpeto, ela pegou o camelo, juntou-se a eles e acabou passando sem que os soldados lhe abordassem. Embora a satisfação de ter conseguido mais um êxito durante a fuga, ela não conseguia se situar, já que só havia passado por ali, apenas uma vez, quando chegara a Jerusalém.

Parou novamente o camelo para pegar a bolsa com o dinheiro que havia colocado junto à bagagem, intencionada a procurar uma hospedagem, mas, desalentada, notou que havia perdido sem saber de que maneira, além do dinheiro, também a pequena bagagem que levava: um novo problema a ser resolvido. Sem dinheiro, cansada, com fome, com sede e apenas com a roupa que estava vestida, ela decidiu perambular pela periferia da cidade, onde residiam as pessoas de poucos recursos materiais – os mais pobres. Passando por uma rua, onde a maioria das casas tinha a aparência de uma oca escavada na ribanceira, vendo uma mulher em pé na porta, parou o camelo e falou em hebraico, sem saber que o idioma já era muito pouco usado, pois vinha sendo substituído pelo aramaico, idioma que Jesus falava:

– Mulher, eu estou com muita sede. Pode me dar um pouco de água?

A mulher ficou, por instantes, olhando para ela e respondeu em aramaico:

– Não estou te entendendo.

Mas, já que Thaisis, desde que chegou a Jerusalém tratou de aprender a falar os dois idiomas, embora não soubesse escrever corretamente, repetiu o pedido em aramaico e a mulher respondeu com franqueza... Do seu próprio jeito:

– Água, sim. Mas comida, nem pense nela, porque não sobra para dar a ninguém!

Depois de observar Thaisis, enquanto bebia a água, ela falou extrovertida:

– Você não se veste como nós. Por acaso é romana? Se for, desapareça!

– Não, eu não sou romana! Nasci na Grécia.

– Que estranho! Uma grega montada num camelo e sozinha aqui, em meio a essa pobreza?!

– Estou perdida, senhora, sem ter onde morar e sem ter até mesmo, a quem pedir um naco de pão.

– Aqui nunca aparece alguém com as mãos recheadas de moedas, para me tirar dessa pobreza! Só aparece gente assim, necessitada como você.

Ficou por instantes pensando e, em seguida, voltou a falar:

– Bem, pelo meu coração, eu te deixaria descansar um pouco, aqui em casa. Mas não devo, porque meu marido está para chegar. Ele é um homem todo descontrolado para o lado das mulheres. Não pode ver uma assim: nova e bonita. Por isso, siga em frente, vá rápido, porque ele já está vindo ali e eu não quero confusão!

Thaisis segurou a rédea do camelo e, quando ia saindo a mulher falou:

– Espere aí! Para não achar que sou totalmente ruim, dobre a próxima esquina e procure a casa de dona Ruth. É uma velhinha de bom coração e cheia de sabedoria. Bem sei que palavras não enchem barriga faminta, mas consola! Vá lá! Mas suma logo daqui, porque o desventurado... Está vendo ele chegando?

Thaisis riu a gosto do jeito engraçado da mulher se expressar. Agradeceu-a e deixou o local. Apesar dos obstáculos, ela estava se dirigindo a um porto seguro, que era a casa de dona Ruth, como ficará constatado no decorrer da história. Depois de localizar a casinha simples, ela saltou do camelo, chegou à porta, que estava aberta, chamou, mas constatando que não havia ninguém em casa, se recostou na parede e ficou esperando. Minutos depois, vendo uma senhora idosa se aproximando, perguntou:

– A senhora é Ruth?

– Sim, minha filha. E você é quem?

– Thaisis.

Ruth arregalou os olhos e perguntou:

– Seu nome é este mesmo ou eu não ouvi bem?

– Sim, senhora Ruth. Há algo errado com meu nome?

– Propriamente, não. Mas há algo preocupante se você for a mesma pessoa, que um grupo de soldados do exército romano esteve, ontem, procurando de rua em rua e de casa em casa. É você mesma, minha filha?

– Infelizmente, sim. Eu estou tentando encontrar um lugar para me esconder do meu marido, mas acabo de me convencer de que, aqui, não é próprio para isso.

– Por que você está fugindo dele?

– Por causa de sérias ameaças provindas do ciúme que ele alimentou e continua certamente alimentando, imaginando que o meu coração está sendo arrebatado por um homem sábio, bondoso e iluminado, que está vindo da Galileia para Jerusalém, a quem muitos afirmam ser o redentor, mensageiro de Deus, anunciado pelos profetas.

Depois de uma pausa, prosseguiu:

– Eu acredito que as afirmações do povo estão certas, porquanto eu pude comprová-las ontem, num encontro inesperado que tive com ele, num trecho da estrada, próximo a Emaús. Ele deve chegar por estes dias.

– Quê?! Você teve esta grande felicidade, de estar com o enviado de Deus?

– Sim. Mas antes de falar nele, me permita contar com mais detalhes, todo o meu problema com o meu marido, para que a senhora possa conhecer um pouco da minha vida.

– Conte, minha filha!

– Nos casamos quando eu era muito jovem...

Narrou pormenores da sua vida ao lado de Danti, as últimas ocorrências até aquele momento e concluiu dizendo:

– Estando entre o amor e a espada, com todos os percalços e perigos, preferi o amor, principalmente o que foi despertado pelo Raboni, desde o citado encontro.

– Sua história não deixa de ser complexa. Todavia, posso resumi-la em poucas palavras: abertura de um novo caminho, que será por você percorrido, até que atinja o despertar da consciência e a iluminação interior.

A conversa de alto nível moral, se causava admiração em Thaisis, dava-lhe, também, uma ideia da sua real situação e o despertar da afinidade entre elas.

– Minha filha, – prosseguiu Ruth falando – considere-se feliz, pois eu venho, há muitos anos, orando a Deus, pedindo-lhe para me deixar mais um tempo aqui, o suficiente para não morrer antes de pôr os olhos no seu mensageiro. Acho que ele percebeu as minhas orações e atendeu o meu pedido, porque vou poder contemplar aquele que dará um novo rumo à humanidade, e o mundo do futuro não será o mesmo deste momento.

– Estou enfrentando esta situação, por conta da minha escolha e sendo o Raboni puro amor, não poderia deixar de avisá-lo do perigo que está propenso, pois não posso imaginar até onde Danti, odiento como se encontra, poderá chegar, imaginando que eu deixei a casa, exclusivamente por causa do Raboni, pensando se tratar de um homem comum. Não sabe ele, a grandeza de alguém na qualidade de mensageiro de Deus.

Não era de se estranhar, porquanto, o soldado Danti adotava, apenas por tradição, o culto a vários Deuses.

– Bem, acho que tudo terá o fim projetado pelos pensamentos e sentimentos de cada um. Quanto a você... Resido só, mas nunca estou sozinha. Fique comigo! E não tenha receio, porque eu saberei o que fazer, caso ele volte à sua procura. E quanto a ameaça ao enviado de Deus, estou certa de que ninguém conseguirá pôr às mãos nele, pelo menos, até terminar o que veio fazer entre nós.

Fez uma pausa e a seguir, reforçou o convite:

– Fique comigo, já que temos algo em comum. Eu também, há muitos anos sou acometida de visões! Seres me aparecem e me orientam como servir aos mais necessitados, pois, uma boa palavra no momento certo, pode animar e consolar de tal maneira, que chega, às vezes, a ser confundida com milagre. Quem sou para fazer milagres?

– Isso é uma verdade incontestável, porque foram as palavras do Raboni que me deram a certeza absoluta da existência de Deus, único, sábio, poderoso e criador de todos os seres vivos e de tudo que existe.

– Você voltou a Jerusalém, por saber que ele estará aqui. Entretanto, percebo que está receosa. Estou certa?
– Sim, a senhora está certa.
– Você não veio. Foi encaminhada, como fui informada por um ser espiritual, logo que começamos a conversar. Assim, haveremos de vê-lo, pois este é o meu maior desejo.
– A senhora se refere a um ser espiritual. Seria um anjo, como crê o povo daqui?
– Oh! Quem sou para ser visitada por um anjo?
– Eu também faria a mesma pergunta: quem sou, para ver e ouvir o Raboni? Entretanto, além da sua generosa atenção, disse-me ele...

Porque Thaisis interrompeu o que pretendia falar, Ruth, interessada, perguntou:
– O que disse ele?
– Que era para eu segui-lo, levando os seus ensinamentos ao longo dos caminhos.
– Então, siga-o!
– Mas ele disse também, que não precisava eu estar onde ele estivesse. Como segui-lo, ausente?
– Aceitando-o, pondo em prática os seus ensinamentos e os seus exemplos.
– Coincidentemente, foi isso mesmo que o Raboni recomendou. Entretanto, como eu poderia levar as suas lições ao longo dos caminhos, se estou desprovida de qualquer recurso e além disso, vivendo na qualidade de fugitiva?
– Entendo que não é mesmo para ir ao longe, pelo menos, por agora. Mas poderia anotá-los e enviá-los através dos mercadores que percorrem longas distâncias. São eles que trazem e levam notícias, as quais dão conta do que ocorre em outras cidades. Faça isso, Thaisis! Certamente, a sua vida ganhará outro sentido.

A conversa daquele dia foi longa. Entrou pela noite, até quando elas se recolheram para dormir.

A partir do dia seguinte, Ruth, que já estava se aproximando dos noventa anos de idade e Thaisis que havia completado vinte e três, se tornaram tão amigas e tão afins, que a diferença de idade, a não ser na aparência física, passara, entre elas duas, a não existir. Era como se a experiência de Ruth e a jovialidade de Thaisis, houvessem se fundido. Elas se entendiam tão bem, que um olhar de uma para a outra, dispensava palavras. Afinal, além de velhas conhecidas, a afinidade havia sido estabelecida entre elas ao longo dos séculos.

Doravante, elas passaram a sair de casa, juntas, mas num determinado trecho se separavam para se reencontrarem, no fim do dia. Ruth, como sempre, para visitar os doentes e necessitados de orientação. Thaisis para o desempenho de uma atividade, na casa de uma mulher, que confeccionava mantas para vender. Com o pagamento que passara a receber, assumiu o sustento dela e da boa velhinha. Assim, os dias foram passando e na expectativa da chegada de Jesus, sempre que estavam juntas, não paravam de conversar e os assuntos eram todos de alto nível moral e espiritual.

Mas, em um daqueles dias, que se tornaria para elas, inesquecível, Ruth falava sobre os espíritos que, ao lhe aparecerem, pela primeira vez, ela imaginava se tratar de anjos, seres criados à parte por Deus; afirmava que, logo depois, eles mesmos, os espíritos desmistificaram, informando que do mesmo jeito dela e de todos, eles haviam passado pela vida física; que até mesmo os anjos, espíritos puros e iluminados, também se aperfeiçoaram, vivendo em contato com a matéria densa, o que Thaisis ouvia com todo interesse, mas a conversa foi interrompida por uma mulher chamada Ester, que visitava quase diariamente a boa velhinha:

– Dona Ruth! Dona Ruth ele está chegando! Eu soube agora! A senhora não queria tanto conhecê-lo?
– Ester, minha filha, você se refere a quem?
– E precisa dizer o nome de quem a senhora diz que só quer morrer depois de tê-lo conhecido? Eu estou muito alegre porque ele está chegando, mas também receosa da senhora morrer depois disso – falou mudando o tom da voz e a seguir perguntou:
– Já sabe quem é? Então vamos, dona Ruth!

Ruth sorriu à vontade, motivada pela possibilidade de conhecer Jesus e pelo jeito engraçado de Ester se expressar.
– Vá indo, Ester! Vá indo, já que você está apressada e com os meus movimentos lentos, eu jamais lhe acompanharia!

A mulher saiu e Ruth, então, dirigiu um olhar de interrogação para Thaisis que, percebendo, falou pensativa:
– Eu quero muito! Voltei a Jerusalém, somente para poder avisá-lo do perigo que pode estar correndo. Mas confesso que estou receosa, por causa de Danti, pois uma intuição me deixa convicta, de que ele, certamente, não vai perder a oportunidade de, além de me procurar, tentar contra a vida do Raboni.
– Vamos, minha filha! – falou Ruth, num tom de voz que chamou a atenção de Thaisis. E prosseguiu explicando – nada que lhe traga aflição, ocorrerá! Foi isso que eu acabei de ouvir agora. Mas se ainda assim você continua temerosa, espere um pouco!

Ela foi ao pequeno compartimento onde dormia e retornou com uma roupa na mão:
– Este traje recebi de presente, mas nunca usei, porque achei que era muito luxuoso para mim. Em você vai ficar ótimo e uma perfeita judia. Ninguém te reconhecerá!

Momentos depois, Thaisis saía do quarto rindo a gosto:
– Dona Ruth, pois não é verdade que eu estou mesmo me sentindo uma mulher judia?

Pegaram a carroça de Abi, um vizinho, que mantinha a família com as moedas que recebia dos passageiros que conduzia, diariamente.

Enquanto a chegada de Jesus a Jerusalém era alegria para muitos, Danti, eufórico, já ciente do local onde Jesus provavelmente falaria ao povo, para lá seguiu, vociferando:

– O encantador de mulheres saberá quão pouco vale a sua dita sabedoria, quando ver bem junto aos seus olhos, o brilho do fio da minha espada. Se não fosse ele, Thaisis não teria abandonado a casa! Pagará caro, muito caro!

Por outro lado, Dinah, que estava escondida na casa de uma amiga, também por medo de Danti, ao saber que o moço belo da Galileia, visto durante o desdobramento de Thaisis, conforme ela mesma lhe narrara, estaria chegando na cidade, passou a conjecturar:

– A louca fugitiva que me deixou nesta séria situação – se referia a Thaisis – se ainda não foi para Roma, certamente vai vê-lo. E eu preciso devolvê-la a Danti, antes que ele dê fim à minha vida.

Fez uma pequena pausa e depois falou decidida:

– Já que é uma questão de vida ou morte, vou lutar pela vida!

Baseada nos seus pensamentos, resolveu ir procurar Thaisis, mesmo no meio da multidão.

Capítulo 05

Ante o Mestre

*Por caminhos tortuosos pode-se chegar ao destino.
Todavia, a estrada reta reduz o tempo da chegada.*
Dizzi Akibah

Enquanto o animal puxava lentamente a carroça, Ruth e Thaisis conversavam:

– Certamente vamos encontrar muita gente assim como nós, com o coração repleto de alegria e de esperança, com o advento do enviado de Deus à Terra – comentou Thaisis.

– Eu acho que muitos dentre os que lá estarão, são portadores de enfermidades diversas, aleijados, cegos e paralíticos, com esperança de cura. Se eles conseguirão... Difícil de se prever.

– Dona Ruth, não posso garantir, já que quase nada sei, entretanto, atrevo-me a afirmar que não acredito que todos serão curados, não que eu duvide das possibilidades do Raboni. Pelo jeito que ele nos incentiva a amar, podemos entender o amor como remédio para todos os nossos males. Entretanto, há muitos doentes por causa do desequilíbrio proveniente das más ações geradas pelo ódio e sentimento de vingança, e nenhum corpo físico pode se manter sadio quando os pensamentos não são de boa qualidade. Quando alguém está alegre, o corpo todo reage. Quando está triste, amedrontado, raivoso... O corpo se ressente. O Raboni pode até, por misericórdia, afastar temporariamente o efeito das mazelas, ensejando uma nova oportunidade. Mas para se tornar curada, creio que a pessoa deverá mudar o seu jeito de viver. Digo isso não por mim mesma, mas com base numa recomendação feita a Josafah, um mercador que conheci durante a minha viagem e que se encontrava do meu lado, no mesmo encontro com o Raboni. Depois de afirmar que a própria fé do mercador já havia curado a esposa que, por sinal, estava muito longe dali, o Raboni recomendou-o dizer a ela, que não continuasse pecando, para que o mesmo estado doentio não voltasse a lhe suceder.

– Isso é verdade, Thaisis. Entre os que me procuram para pedir ajuda, alguns pensam que eu tenho condições de livrá-los dos males que lhes atingem, sem empreender qualquer esforço. Muitos estão em busca de facilidade, pois quando os aconselho a mudar de comportamento, desanimam e, já houve até quem dissesse que eu não passava de uma enganadora! Certamente, esperavam de mim uma ação miraculosa – falou sorrindo e completou – nem imaginam que eu nada sei, pois o que digo e faço é sempre baseado nas orientações dos seres espirituais que me visitam. Quem sou?

Assim conversando, só se deram conta de que já haviam chegado quando a carroça parou e viram, admiradas, a quantidade de pessoas que se encontravam em volta de Jesus. Os outros passageiros da carroça se dispersaram pelo meio do povo, mas Ruth e Thaisis que continuavam juntas, seguiram em frente, buscando meios de se aproximarem, já que para a boa velhinha Ruth, ver o Raboni (mestre em aramaico) como o tratava, seria, o mais importante acontecimento da sua vida.

As duas, com o mesmo interesse, foram pedindo licença até que, enfim, puderam se aproximar de Jesus. Ao vê-lo, a boa velhinha Ruth exclamou em lágrimas:

– Agora grande Deus, ponho a minha vida à tua vontade, pois já posso morrer tranquila e alegre, por me ter proporcionado oportunidade de conhecer o teu divino mensageiro.

Thaisis dirigiu o olhar direto ao rosto de Jesus. Naquele mesmo instante, apesar da multidão, o Mestre voltou o olhar na direção do local onde elas se encontravam e, Thaisis, concentrada, passou a receber os pensamentos de Jesus, dirigidos a ela, com admirável sintonia:

"Que o seu sorriso seja alegria para os tristes; a sua voz, um cântico de esperança para os desesperados e as suas mãos estimuladas pelo amor, tornem-se instrumentos de trabalho redentor. Não desperdice o precioso tempo se afligindo por ameaças que me rodeiam, pois estou no Pai e o Pai está em mim. Aproveite-o, portanto, cumprindo com lealdade os compromissos que você assumiu para esta existência, porquanto a sua recompensa não estará nos gozos ilusórios do mundo, mas, sobretudo, na verdadeira vida."

Depois de alguns segundos de pausa, Thaisis voltou a receber o pensamento de Jesus:

"E a este bom coração que se encontra junto ao seu, diga-lhe que os resultados da sua dedicação amorosa aos sofredores se constituem num merecido salvo-conduto para a paz e para a ventura, pois, os seus pensamentos e as suas ações, não passaram e nem passam despercebidos pela Justiça Divina, que direciona a cada um, o resultado das suas próprias obras."

Isso ocorreu em alguns segundos, entretanto, a percepção mediúnica de Thaisis, já bastante acurada, não perdeu sequer uma vírgula dos pensamentos de Jesus, que chegaram à sua mente, como se palavras fossem. Todavia, o bem-estar que ela sentia naquele momento inesquecível, foi bruscamente interrompido por uma voz soando a toda potência:

– Dá passagem para o exército! Saiam da frente!

Era Danti, que havia pedido, propositadamente, a sua inclusão na tropa que faria cobertura nas ruas, solicitação de Pilatos ao comandante do exército, para evitar conflitos. Conforme previsão de Thaisis, a intenção de Danti era se vingar de Jesus, atribuindo a ele, a fuga da esposa, conforme já narrado. Thaisis, que estava dando apoio a Ruth, segurando-a pelo braço, soltou-o intencionada a se aproximar de Jesus e avisá-lo das más intenções do soldado. Mas a amável anciã, segurando a mão de Thaisis com delicadeza, dirigiu-lhe um olhar de interrogação e falou com a firmeza de quem está convicto do que diz:

– Thaisis, contenha-se! Sabe que nada do que você está pensando vai ocorrer ao Raboni!

Intimidada com a expressão de Ruth, a quem muito amava e respeitava, Thaisis aquiesceu, mas sugeriu saírem do local, já que Danti vinha naquela mesma direção:

– Então saiamos daqui... Melhor mesmo é irmos embora, pois se ele me reconhecer, mesmo nesse traje, não imagino o que acontecerá!

Elas se distanciaram do local e já fora do burburinho que o soldado causava, falou ainda cheia de aflição:

– Oh, grande Deus, qual será o resultado disso?

– Nada que justifique toda esta sua aflição! Fé, Thaisis! O Raboni cumprirá a sua missão, de acordo ao que foi determinado por Deus.

– Sim, dona Ruth! É possível que isso ocorra como a senhora

pensa. Porém, há outra situação, que não deixa de ser preocupante: até quando vou viver fugindo de Danti?

– Quando, corajosamente, decidir enfrentá-lo, não em duelo com ele. Você não fez opção pelo amor? Então, ponha-o em prática! Por que tanto temor da espada, se não há mal que não seja vencido pelo amor?

– Eu amei-o muito, mas...

– Permita-me completar: mas ainda o ama. Contudo, a emoção descontrolada do medo, sobrepuja os sentimentos de amor, que se resguardam, mas somente por algum tempo, pois o mal, Thaisis, mesmo deixando um rastro de dor, é passageiro.

– Não há condições de conviver com uma pessoa que mata outra ou outras, mesmo sendo em defesa da pátria, o que nem isso ocorre, porque ao invés de se encontrar na defensiva, o império age na ofensiva, subjugando outras nações para abocanhar as riquezas ou até simples bens materiais, que tantas vezes foram conseguidos à custa de muito suor derramado pelos que são impiedosamente escravizados.

Àquela altura da conversa, elas estavam retornando à casa. Como havia mais algumas pessoas com elas, na carroça, Ruth exclamou:

– Cala-te, Thaisis em relação ao mando de Roma, pois você não faz ideia de onde está pisando! E, em relação ao seu marido, pode amá-lo, sem que por isso tenha necessidade de conviver com ele. A convivência estabelece a afinidade. O amor, todavia, não exige que as pessoas tenham que conviver para marcar a sua presença.

Estava certa a boa velhinha, pois posteriormente, ouvir-se-ia de Jesus a recomendação de amar até mesmo o inimigo.

Chegaram à casa. Uma hora depois, a mesma vizinha que avisou Ruth da chegada de Jesus, chegou à porta, novamente, eufórica:

– Dona Ruth, milagre! Eu vi! – falava respirando acelerado.
– Acalme-se, Ester, e me conte o que você viu!
– Os soldados do exército caminhavam na direção do enviado de Deus. Um deles, o mais exaltado, tinha na mão uma espada, mas nem conseguiu se aproximar, porque o Raboni, sem demonstrar qualquer sinal de surpresa ou de medo, dirigiu o olhar para ele que, imediatamente, começou a tremer as mãos e ficou com a boca aberta parecendo um menino bobo. O Raboni disse, calmo e cheio de bondade:
– Soldado, guarda a tua arma! A espada que fere e mata na guerra, pode ser instrumento de sofrimento para ti mesmo.
– O soldado, então, – continuou Ester contando – pôs a arma na bainha e saiu de cabeça baixa. Acho que estava quase morrendo de vergonha! Mas eu gostei! Quem manda bulir com quem não deve? – falou e riu à vontade.

Ruth, então, se dirigiu a ela:
– Ester, minha filha, não zombe da desventura dos outros e não imagine que o Raboni tenha, com o seu poder, revidado, para que o soldado ficasse envergonhado, como você disse. Preste atenção, para entender: o soldado estava movido pelo ódio e o Raboni, pelo amor. Como o ódio é um sentimento negativo e fraco perante o amor, acabou sendo vencido e o soldado desarmado das más intenções. Compreendeu?
– Um pouco, dona Ruth. Depois, com mais tempo, eu apareço aqui para a senhora me explicar melhor.

Logo que Ester saiu, Thaisis comentou:
– Que dia inesquecível! A senhora realizou o seu sonho e creio que por isso, está muito feliz! Eu também me encontro em paz e sentindo alegria, porque mais uma vez, o Raboni falou comigo.

Vendo Ruth olhando-a e demonstrando que não estava entendendo, pois vira apenas Jesus dirigir o olhar rapidamente na direção delas, Thaisis passou a explicar:

– É verdade que ele sequer abriu a boca para falar, mas foi como se estivesse falando e a sua voz ecoando em minha mente. O que me ocorre é algo tão estranho, que não dá sequer para uma descrição exata.

Elas não sabiam que o pensamento tem movimento, som, cor, e cria imagens inerentes a sua própria natureza. Por isso, com a mediunidade bastante avançada, mas sem se dar conta disso, e o amor que ela sentia por Jesus e ele também por ela, do mesmo jeito que amava e continua amando a todos nós, estabelecia o fio de ligação, mente a mente. É óbvio, que se deve considerar o fato como raro, pois para entrar em sintonia com Jesus, provavelmente, Thaisis era um espírito de considerável avanço na depuração moral e no despertar das potencialidades interiores.

Mas, voltemos ao proveitoso diálogo:

– E o que ele disse, posso saber? Não é forçada a contar se não desejar.

– Oh, dona Ruth! Que reserva eu teria para com a senhora? Garanto que nossos corações são afins.

Ela narrou o que ouviu de Jesus, e concluiu, confirmando o que Ruth lhe havia dito anteriormente:

– Ele me deixou convicta, de que não sairia daqui, antes do tempo determinado por Deus, coincidindo com o que a senhora já havia dito.

– Ouviu dele mesmo a confirmação e, ainda assim, toda impetuosa, você queria ir correndo para protegê-lo das supostas más intenções de Danti, como se ele precisasse da sua proteção! Oh, filha! Nós é que somos carentes e precisamos da proteção dele!

– A senhora está certa. Entretanto, pergunto: quem ama não tenta defender ou proteger o ser amado? Não é assim com a mãe que frente ao perigo, expõe a vida, para salvar um filho? Penso que, sendo eu mulher, embora não tenha ainda experimentado a felicidade de ser mãe, sinto este amor materno por toda criança que vejo. Não que eu imaginasse o Raboni como uma criança indefesa, mas... Dona Ruth, mais do que eu, a senhora pode imaginar de que o amor é capaz!

Ruth sorriu contente, abraçou, amavelmente, Thaisis e disse-lhe:

– Você parece ser nova somente no corpo físico. Quem sabe estão certos os indianos de um seguimento religioso, que afirmam o renascimento da alma, na Terra? Se for verdade, você deve ser uma alma bem velha, até mais do que eu.

– A senhora não pode se eximir disso, porque revela muita maturidade! Não me refiro ao corpo físico, mas, ao modo de agir.

– Thaisis, preste bem atenção ao seguinte trecho da fala do Raboni, para ver se você percebe a coincidência do que estamos conversando em tom de brincadeira, sobre a crença de alguns indianos: *cumprindo com lealdade os compromissos que você assumiu para esta existência, porquanto, a sua recompensa não estará nos gozos ilusórios do mundo, mas, sobretudo, na verdadeira vida.*

Depois de pensar durante alguns minutos, Thaisis deu a sua opinião:

– Está claro, dona Ruth! Se ele disse que eu assumi compromissos para "esta existência", então, eu já existia antes de nascer! Ora, se ele destacou "esta existência", nos deixa entender que já houve ou haverá outras! Isso é demasiadamente atraente para mim!

Fez uma pequena pausa, para pensar no assunto e se expressou:

– Oh! Quem dera conhecer um desses indianos que a senhora se refere! Seria uma chuva de perguntas.

– Também eu gostaria!

Capítulo 06

Fatos decorrentes

> *Deus fala-nos pela consciência com a mesma*
> *simplicidade que expressa o seu sorriso pelas*
> *pétalas de uma flor.*
> **Dizzi Akibah**

— QUE FARÁ você doravante, Thaisis, para acatar a sugestão do Raboni, de levar ao longo dos caminhos os seus ensinamentos?

— O primeiro passo será aprender a escrever melhor os idiomas hebraico e aramaico.

— Procure dedicar a sua atenção, bem mais ao aramaico, que é, atualmente, mais usado do que o hebraico.

Fez uma pausa e disse a seguir:

— Se eu soubesse, te ensinaria. Mas o que sei é tão pouco que em quase nada ajudaria. Mas fique certa de que vai encontrar alguém com disposição de ajudar, pois, para o desenvolvimento do bem, não há fronteira, mas sim, a abertura de um novo horizonte.

– Betânia fica muito longe daqui? – perguntou Thaisis, interessada.

– Não! Mas o que pretende você nesse lugar?

– Já que não devo, por enquanto, me expor em Jerusalém, vou procurar alguém que possa me ensinar. Poderei atuar como uma serva, numa casa de família, em troca disso.

VOLTEMOS A JERUSALÉM onde vamos focar outras consequências, durante e depois da visita de Jesus, em relação aos personagens principais da presente história.

Embora se encontrasse no meio da multidão, que estava em volta de Jesus, Dinah não se achava ali, movida por qualquer interesse que se identificasse com o das demais pessoas, já que, seu propósito era encontrar Thaisis, para se livrar das reações brutais de Danti. Assim, inquieta, ela se movia com dificuldade entre as pessoas e, olhando atenciosamente em volta, acabou dirigindo o olhar na direção de Jesus.

"Quem será realmente este homem tão belo e tão majestoso?" – perguntou a si mesma, cheia de admiração.

Depois de um pouco mais de observação, passou a se sentir atraída, como se uma nova força lhe impulsionasse, não diretamente a ele, mas para algo que, naquele momento considerava misterioso. Mas ainda assim, prosseguiu no mesmo lugar monologando:

"Ele tem algo diferente de todas as pessoas, que o torna aparentemente atrativo! Talvez tenha sido por isso que Thaisis, como a mariposa ante a tocha, se deixou arrastar por essa tão incompreensível atração. Estranho! Nem estou mais com tanto medo de Danti e nem tão interessada como antes de encontrar Thaisis! Parece até que estou sendo enfeitiçada!"

Pensou isso, entretanto, se ela soubesse que Danti ali estivera, intencionado a atingir Jesus, talvez a sua reação fosse outra. Mas no momento do referido fato, ela se encontrava distante do local e nada percebeu. Sem mais vontade de continuar fazendo o que antes tanto lhe interessava, permaneceu no mesmo lugar, como se estivesse chumbada ao chão, ouvindo a fala de Jesus até o fim e mesmo percebendo que o Mestre, ao deixar o local, passaria onde ela se encontrava, não movimentou os pés para sair do lugar, nem mesmo para lhe dar passagem, apesar de algumas pessoas falarem com desagrado:
– Sai da frente, mulher!
Jesus, entretanto, desviando-se dela, disse-lhe, enquanto passava:
– Os caminhos que serão doravante percorridos por você, poderão responder as suas indagações, conforme leio em seus pensamentos. Se não agora, os séculos vindouros revelarão quem sou e o que vim fazer aqui, a mando de Deus, meu pai e pai de toda criatura humana.
Ele seguiu em frente, o povo, aos poucos, foi se dispersando, mas ela continuava, ainda em pé, no mesmo lugar, pensando no que acabara de ouvir e na sensação de bem-estar, que lhe causara o tom da voz do Mestre. Somente quando não havia mais quase ninguém, a não ser os transeuntes, ela retirou o véu preto da cabeça, que recobria também parte do rosto, disfarce que usava para não ser reconhecida e começou a caminhar sem saber para onde.
"Para onde meus pés me levam, já que não sei para onde ir e nem o que fazer doravante da minha vida?"
A pergunta sem resposta era a expressão da oscilação interior que sentia, pois não tinha como fazer uma avaliação de si mesma, porquanto, o fundamento do conceito que ela fazia sobre a sua maneira de viver, acabava de ser abalado pelo que ouvira de

Jesus. Assim, ela seguiu em frente, sem prestar atenção por onde andava. Mas o estado de alheamento foi substituído, imediatamente, pelo de alerta, ao ver uma pequena tropa do exército vindo no sentido contrário ao que ela seguia, o que lhe fez se lembrar, automaticamente, de Danti. Já com as pernas trêmulas, por causa do medo que voltou a sentir, repôs o véu, cobrindo a cabeça e uma parte do rosto, para não ser reconhecida, mas percebeu que foi inútil, ao ouvir uma voz ameaçadora e carregada ódio:

— Enfim a encontro, ladra traidora! Eu sabia que você não se esconderia de mim por muito tempo! – falou a toda voz, há alguns metros de distância, de onde se encontrava Dinah.

Era Danti que, embora o impacto emocional que sentira ante Jesus, ao ver a suposta inimiga, como já a considerava, reacendeu seu ódio. Vendo-o de espada em punho e caminhando na sua direção, Dinah sentiu como se uma onda de gelo lhe atingisse, deixando-a, sem palavras e com tremores por todo o corpo.

"Estou perdida! Acabou a minha vida!" – pensou desesperada.

Ele se aproximou, aplicou-lhe uma bofetada no rosto, de onde o sangue começou a escorrer, xingando-a, com expressões depreciativas, sem qualquer respeito.

— Deveria matá-la aqui mesmo. Farei isso sim, se não devolver o meu dinheiro e trazer de volta Thaisis, que irresponsavelmente, você deixou fugir.

Ela reuniu forças e falou com voz quase inaudível:

— Ela fugiu enquanto eu dormia. Não sei do seu paradeiro, mas já estou à sua procura.

— Mente, miserável traidora! Você está presa como ladra, já que roubou o meu dinheiro! Não sairá de lá, enquanto não for indiciada como ladra. Vai ficar marcada para o resto da vida, se eu não traspassar a espada em seu coração!

Chegou ao quartel do comando e trancou-a numa sala. Mais tarde, um dos seus companheiros, que com ele não simpatizava, procurou um centurião e prestou-lhe informação do ocorrido, omitindo, contudo, a reação de Danti ante Jesus.

O centurião que, na hierarquia militar romana, era o sexto na cadeia de comando numa legião e por isso cabia-lhe apenas resoluções menos complicadas ou mais simples, logo que soube do ocorrido, foi conversar com Dinah. Depois de ouvir a narração de toda situação, inclusive de Danti havê-la agredido fisicamente acusando-a de ladra, mas que o dinheiro em questão, correspondia ao salário que ela tinha direito pelo serviço prestado, já que ele não havia lhe pago na data acordada, o centurião, além de resolver liberá-la, alertou-a:

– Você está livre e pode sair daqui agora. Entretanto, a esta hora da noite, penso ser melhor passar a noite aqui mesmo, já que eu não posso garantir a sua segurança lá fora, porque eu ainda não sondei as intenções do soldado agressor. Pelo menos, até amanhã, você estará em segurança!

– Agradeço ao senhor pelo correto julgamento e agora pela gentileza de me deixar discernir. Prefiro a segunda opção. Fico aqui, pois, além de me sentir em segurança, as suas palavras confortaram-me.

No dia seguinte, ele mandou liberá-la e chamou severamente a atenção de Danti:

– Soldado, não extrapole usando a insatisfação de homem abandonado pela mulher, em pessoas inocentes! Se você foi abandonado, talvez não tenha sido capaz de cativá-la com bons sentimentos. Comporte-se como um verdadeiro militar! Do contrário, sabe o que pode lhe ocorrer. Mesmo que se tratasse de uma ladra, ou que ela houvesse praticado qualquer tipo de desordem, não justificaria agredi-la e trazê-la para cá. A correção de tais delitos estão sob jurisdição de Pilatos. Por acaso não sabe qual é o papel do exército? Você cometeu um sério erro.

Danti saiu dali ainda mais revoltado contra Thaisis e cheio de ódio contra Dinah, por ter sido considerada inocente. A passos largos e rápidos, seguiu para o local onde Dinah passaria. Ao vê-lo, ela encarou-o, sem qualquer receio. Ele, entretanto, disse-lhe, num tom ameaçador:

– Quero Thaisis de volta. Procure-a no céu ou no inferno deste teu povo fanático, pois, do contrário, de mim para você, nunca haverá perdão! Ou ela ou você desaparece e ninguém jamais levantará suspeitas, já que eu sei muito bem como fazer isso!

Dinah que, momentos antes, estava convicta de que havia se livrado do problema, seguiu em frente, sentindo-se totalmente insegura e também acometida de um profundo desgosto para com a vida:

"Que faço, se não tenho a quem apelar?" – perguntou a si mesma e prosseguiu pensando, enquanto caminhava: "gostaria muito de ter a mesma crença e a fé que muita gente mantém no Deus único. Mas já que não tenho, sinto-me na escuridão, sem uma luz para clarear o meu caminho... Caminho? Que caminho, se tudo até agora na minha vida, não tem preenchido o vazio que sinto no coração? Nem o vinho, nem as festas... Nada! Será que este que vi hoje", – se referia a Jesus – "é um Deus? Acho que não, pois nunca ouvi falar de um Deus assim como nós mesmos, de carne e osso. Entretanto, mesmo não sendo, aquele homem tem algo diferente. Enquanto os sacerdotes do templo se afastam dos pobres sofridos, aquele belo homem caminha entre eles, como pude observar quando passou junto a mim. Os grandes do exército de Roma, salvo alguns como o exemplo do justo centurião, que me defendeu, agem quase sempre, com ferocidade e sem qualquer piedade. Aquele, a quem chamam de Raboni, enviado do grande Deus, como acredita o povo daqui, é manso, bondoso, atencioso... Não pode ele estar entre pessoas comuns, porque eu senti no coração algo diferente. É. Já que ele revela todas estas boas qualidades, deve ser uma divindade."

Dinah começava a alinhar a mente, focando pensamentos e sentimentos de boa qualificação:

"Se a minha indiferença para com os bons sentimentos não deu certo até agora, vou, então, experimentar o amor, conforme ele falou. Não sei se conseguirei."

Ela, que tinha idade para ser mãe de Thaisis, conforme já narrado, era solteira, pois, não havia atraído alguém para compartilhar a sua vida, por causa da sua frieza de coração. Ao contrário, afastava qualquer pretendente, como vinha acontecendo até ali. Mas ela continuou ainda pensando:

"O bem-estar que senti diante do suposto salvador, deve ter sido amor! Ora, se o amor é o que senti, é bom demais! Vou sim. Vou tentar amar a todas as pessoas que se aproximarem de mim. Nem sei como fazer isso, mas vou tentar, para ver o que acontece."

Dinah tinha uma irmã, que havia se casado bem jovem, mas em pouco tempo de convivência, o marido passou, depois de se viciar no vinho, a faltar com as responsabilidades do lar. E como era muito ciumento, chegava à casa embriagado e agredia-a sem piedade. Não suportando os maus-tratos, Dimah abandonou o lar. Ele, o ex-companheiro, a exemplo de Danti, inconformado, procurava a ex-companheira, não para uma possível reconciliação, mas para se vingar por tê-lo abandonado. Dinah lembrou-se dela e desejou muito tê-la ao seu lado, mas nunca mais tivera notícia da irmã mais nova da família.

Algum tempo depois, Dinah soube que Jesus passaria por Betânia e para lá seguiu, interessada em sentir o mesmo bem-estar que desfrutara na presença dele. Antes da hora esperada para ouvirem a palavra do Mestre, as pessoas já lotavam a praça. Sentindo-se sozinha no meio de tanta gente, Dinah passou a olhar em volta, decidida a encontrar alguém para conversar ou até fazer companhia, mesmo que fosse somente naquele momento.

Queria dar o primeiro passo para fazer uso do amor. Diferente de antes, que se mostrava arredia para com as pessoas que não conhecia, motivo de não ter nem uma amiga em Jerusalém, já sentia necessidade da presença de alguém. Assim, permaneceu olhando para todos os lados, até quando viu uma mulher ainda jovem, sozinha, recostada numa árvore e se aproximou, já puxando conversa:

– Também esperando o Raboni... Suponho!
– Sim. Preciso muito ouvi-lo para...

Cortou a frase e falou soltando a voz:

– Dinah, minha irmã!
– Oh! Você, Dimah?! – abraçaram-se, juntando as emoções e as lágrimas que derramavam em abundância.

– Não sei se por coincidência ou simples impressão minha, depois que vi o Raboni em Jerusalém, parece que tudo está se ajustando em minha vida! – disse Dinah impressionada.

Ela sequer imaginava que a decisão de amar, já abria sim, novos caminhos para a sua vida. E estava certa ao afirmar que o motivo teria sido o encontro com Jesus, não sendo isso qualquer coisa num sentido miraculoso. Mas simplesmente por ter recebido de Jesus, segundo o merecimento, a condição para o despertar.

Com a euforia do reencontro e as narrações dos acontecimentos ocorridos durante o tempo de ausência uma da outra, só perceberam que Jesus já havia chegado ao ouvirem a sua voz. Saíram do local para ficarem mais próximas e ouvirem atentamente Jesus que, naquela tarde/noite abordou o tema escolhido com sua característica sabedoria, enchendo os corações de esperança e alegria, já que o amor em muitos ainda no estado latente, era despertado para mais na frente fluir, direcionado a tudo e a todos.

Terminado o sermão, enquanto o povo se dispersava, Dinah e a irmã Dimah, voltavam a conversar animadamente, agora, sobre o que acabavam de ouvir. O tempo foi passando e Dimah então, disse entristecida:

– Tenho que ir, pois estou sozinha e resido na zona rural... Meu esconderijo.

– E como você está vivendo?

– Venha comigo e você verá.

– Não desejo nunca mais ficar longe de você, minha irmã!

Rindo alegremente, Dimah sugeriu:

– Então vamos!

Antes de saírem da praça, Dinah parou de repente de caminhar e ficou olhando na direção de uma mulher, que passava um pouco distante dela.

– Conhece-a? – perguntou Dimah, curiosa.

– Posso estar enganada, mas... Vou me aproximar, para verificar.

A mulher olhou na direção de Dinah, cobriu parcialmente o rosto e aumentou a velocidade dos passos, mas Dinah foi em seu encalço e, ao alcançá-la, segurou-a pelo braço fazendo-a parar.

– Thaisis, enfim te encontro!

– Dinah, por favor, deixe-me! Eu tenho passado por muitos momentos vexatórios e já que estou decidida a não retornar àquela casa, que um dia foi o meu lar, por favor, solte-me, pois o novo rumo que escolhi para minha vida não deve ser interrompido!

– Thaisis, encontrá-la foi, durante muitos dias, o meu propósito para realmente devolvê-la a Danti, não somente por considerar ser isso a minha responsabilidade ante ele, mas impulsionada pelo medo de ser trespassada pela sua espada, do mesmo jeito que ele lhe ameaçou. Entretanto, muitas coisas me ocorreram e dentre elas, destaco o encontro, sem qualquer intenção da minha parte, com o Raboni em Jerusalém. Para que eu estaria aqui hoje, se não fosse à busca do bem? Estou decidida, Thaisis, a aprender a amar! Por tudo isso, dou-lhe a minha palavra e afirmo com seriedade, que jamais te entregaria a Danti, pois ele não merece uma pessoa da sua qualidade. Você estava certa ao tomar a decisão de sair de casa. E eu daqui para frente, não quero mais as noitadas regadas a vinho e nem as cantorias, festejando nada e enganando a mim mesma! Estou decidida a aprender a amar.

Thaisis, rindo alegremente, inspirou o ar fresco do começo da noite, aspirou-o e desabafou, já abrindo os braços para abraçá-la:

– Ah, Dinah, Dinah! Desfrutemos com alegria este momento de paz. Se antes eu era perseguida por dois, agora é somente por um! E você Dinah, afirma que vai aprender a amar. Não, Dinah, você só precisa intensificar os seus bons sentimentos, pois amar, você já começou há muito tempo. Sei disso, desde aquele dia que você chegou a minha casa e me vendo com lágrimas nos olhos, por causa das reações desagradáveis de Danti, passou a mão carinhosamente na minha cabeça. Embora sem muito jeito, você acabou me dando uma boa dose de amor. Foi o mesmo consolo que eu receberia da minha mãe, se ela estivesse presente. O seu gesto amoroso fez-me muito bem, Dinah!

Depois do abraço afetuoso e harmonizador, Dinah chamou a irmã Dimah, que aguardava à parte, a conversa das duas:

– Esta é Thaisis. Ela tem muito a falar sobre o Raboni.

Depois de cumprimentá-la, perguntou interessada:

– Não quero perder o ensejo de ter uma boa conversa com você, pois falar sobre o Raboni é assunto para toda a vida! Onde você está hospedada?

– Eu ainda vou procurar onde ficar. Desejo prestar qualquer serviço numa casa familiar, para receber em troca, apenas o alimento. Mas que haja alguém com disposição de me ensinar a escrever os idiomas aramaico e hebraico. Como podem notar, se não consigo falar bem, imaginem escrever?

– Convido-a para ir conosco. Reconheço que não sei tanto quanto os mestres, mas dá para passar para você sem tropeço.

– Você faz isso?!
– Já disse. A não ser que não deseje ir conosco! – falou Dimah, decidida.

Seguiram caminhando e conversando. Mais na frente, subiram numa carroça puxada por dois jumentos, transporte que Dimah havia adquirido para ir aos lugares mais distantes e seguiram conversando animadamente.

ANALISEMOS OS EFEITOS provindos, desde a ida de Jesus a Jerusalém: Thaisis que antes estava decidida a retornar para Roma, depois de ter encontrado pessoalmente Jesus, embora fugindo amedrontada de Danti, conforme já narrado, retornou para Jerusalém com o intuito de avisar ao Mestre das más intenções do soldado, o que lhe ensejou posteriormente, momentos de muita alegria e esperança.

Dinah, que também fugia amedrontada do mesmo soldado e na ansiosa procura por Thaisis para se livrar das ameaças, inclusive de morte, acabou conhecendo Jesus. E deixando-se tocar pelo amor, começou a mudar o seu modo de viver.

Dimah, também fugitiva do ex-companheiro por causa do mesmo tipo de ameaça, ouvindo falar em Jesus, foi vê-lo pela primeira vez e acabou encontrando Dinah, a irmã que não via há muitos anos. Thaisis que, mesmo sem saber da presença de Jesus naquele dia em Betânia, para ali se dirigiu, conforme já narrado, para tentar adquirir as condições necessárias para seguir a recomendação de Jesus de levar ao longo dos caminhos os seus ensinamentos, acabou se encontrando com Dinah, conheceu Dimah e resolveu sem qualquer esforço, o problema de hospedagem e de encontrar alguém para lhe ensinar a escrever os idiomas que lhe interessavam.

Era sim, o amor de Jesus, despertando, mudando rumos, unindo, reunindo e irmanando as criaturas pelo sentimento de fraternidade. Nunca houve e não haverá um tempo determinado para o amor, por ele se encontrar além do tempo e do espaço, pois como asseverou João, o apóstolo, "*Deus é amor*", o amor então, é o próprio Deus, que cria, dirige, nutre, conserva e destina a vida à finalidade para a qual foi criada pela sua vontade.

As três mulheres que ali se encontravam, coincidentemente, na condição de fugitivas de ameaças parecidas, logo que chegaram à casa, na zona rural, começaram cogitar sobre quais rumos seguiriam, doravante:

– Que faremos para tornar as nossas vidas mais úteis? – perguntou Thaisis interessada em ouvir as opiniões das amigas, pois embora já houvesse delineado os seus próprio planos, não se encontrando mais sozinha como antes, precisava ouvi-las, para saber se os planos das companheiras de ideal, convergiam com os seus.

Mas, depois de aguardar por alguns minutos uma resposta que não veio, ela voltou a falar abordando considerações, que achava oportunas para o momento:

– Somos fugitivas, talvez, impulsionadas muito mais pelo medo, do que pelos perigos propriamente ditos. É possível que o Raboni, ao me sugerir que o acompanhasse, tenha me indicado o amor como remédio para todos os males e a fé como força motriz para consecução do êxito nos planos traçados.

– Eu acato essa ideia! – exclamou Dinah e explicou – não porque a minha vida, neste momento, esteja sem rumo, mas por imaginar ser o melhor para mim. E mesmo que eu já houvesse traçado planos, mudaria, por entender que não há nada melhor do que segui-lo, mesmo reconhecendo as minhas limitações.

– Eu tenho este mesmo interesse. Entretanto, como segui-lo, se ele todo amor, recomenda-nos a amarmos a *Deus sobre todas as coisas e ao próximo como a nós mesmos,* enquanto que, vemos como inimigos aqueles que nos perseguem? – perguntou Dimah.

– Dimah, vê-los como inimigos, é bem diferente de os termos como tais. Eles podem ter-nos como inimigas, mas são eles que pensam assim. Não nós! E isso, inclusive, não impede de os incluirmos na condição de "próximos", já que o Raboni, segundo fui informada, afirmou que devemos amar o inimigo.

– Isso não é nada fácil! – exclamou Dinah, cheia de dúvida sobre o assunto.

Thaisis, então, com base no seu entendimento, voltou a esclarecer:

– O inimigo, sem querer generalizar, é quase sempre alguém que, pelo fato de não concordar conosco em determinadas coisas ou situações, se contraria de tal maneira, que acaba se tornando um opositor odiento e, às vezes, vingativo, pelo fato único de pensarmos diferentemente em determinadas situações. Dou um exemplo particularmente meu: Danti se tornou odiento e me ameaçou de morte, não somente pelo ciúme ou por imaginar que a minha fuga teria sido um ato de traição, pois muito antes disso ele vinha demonstrando insatisfação pelo fato de eu não me sentir em condições íntimas de satisfazer a sua vontade de aceitá-lo como um guerreiro, prova de que ainda não é capaz de compreender o valor da vida. Ele, que antes me tratava com amabilidade, agora me vê como inimiga, embora eu não pense o mesmo sobre ele. Deixei-o pela dificuldade de conviver, pois além do dever de preservar a minha integridade física, não deixou de ser também uma tentativa de salvar os meus sentimentos em relação a ele. Isso, porém, não me dá razão para excluí-lo do "próximo" que devemos amar, como disse o Raboni.

– Thaisis, pude compreender a sua explicação e tomo-a como verdade. Entretanto, pensando naquele que foi meu marido por algum tempo, embora eu já não tenha ódio dele, acho ainda um pouco difícil a aplicação deste ensinamento na prática do dia a dia. Mesmo assim, desejo seguir o Raboni, por entender além de tudo, que quem ainda não sabe é quem mais precisa se esforçar para saber.

– Bem, se não nos resta qualquer dúvida, vou expor agora o que pretendo fazer para isso.

Thaisis falou da sugestão dada por Ruth, de enviar os pergaminhos contendo ensinamentos de Jesus, por meio dos mercadores que percorriam longas distâncias para efetuar as suas vendas.

– Creio que muitos não atenderão a nossa solicitação, pois nem todos adotam a nossa convicção. Os que aceitarem, então, serão colaboradores na divulgação da Boa-Nova.

E concluiu, se dirigindo a Dimah:

– É para isso que preciso aprender a escrever o hebraico e o aramaico.

– Estou com você, Thaisis! – exclamou Dimah.

– Eu também – falou Dinah que estava em silêncio ouvindo, interessada, nas explicações.

– Bem, eu ainda não terminei de falar completamente das minhas pretensões. Planejo, logo que eu estiver em condições de escrever e de ter adquirido os materiais necessários para isso, seguir pelos caminhos por onde o Raboni já tenha percorrido; manter contato com as pessoas que já tiveram a ventura de ouvi-lo, para sentir as impressões em relação ao que aprenderam com as suas palavras e os seus exemplos.

– Essa ideia é muito boa, entretanto, muito ambiciosa em se tratando de pessoas como nós, sem qualquer recurso para sobreviver mundo afora – aparteou Dimah.

– A primeira atitude será, onde chegarmos arranjarmos atividade, trabalhar com vontade e amor, sem perguntar e sequer exigir pagamento, que será apenas o abrigo e o alimento. Isso despertará a sensibilidade das pessoas, principalmente as que já tenham compreendido e abrigado na mente os ensinamentos do divino Raboni.

As irmãs Dinah e Dimah se entreolharam, demonstrando que nada mais as impediria de aceitar os planos traçados por Thaisis. Dimah então, falou toda entusiasmada:

– Então, minhas amigas, temos que a partir de amanhã bem cedo, pegarmos a ferramenta para lavrar a terra, pois o chão neste momento é o nosso único campo de ação.

Capítulo 07

PELOS CAMINHOS DE JESUS

*O temor, ante o desconhecido, está sempre em
proporção ao desejo de atingir o objetivo.*
Dizzi Akibah

PLANTAVAM, COLHIAM E o que sobrava da colheita, principalmente do trigo, vendiam. O dinheiro apurado nas vendas, guardavam para pôr em prática os seus projetos. Depois de meses de duro trabalho no campo, elas haviam colhido muito mais do que esperavam e Thaisis, que recebia aula diariamente de Dimah, ajudada pela inteligência já bem aguçada e movida pelo sincero interesse, já escrevia com desembaraço os dois idiomas.

Conscientes de que os recursos em moedas já eram suficientes para um bom começo, fecharam a casa e seguiram rumo ao desconhecido, pois, para elas, além da importância do objetivo, não deixava de ser também, uma aventura, pois estariam percorrendo caminhos, cidades desconhecidas e mantendo contato com pessoas, ainda também desconhecidas. Durante a viagem de Betânia a Jerusalém, Dinah e Dimah não paravam de conversar, ora falando sobre as prováveis alegrias que sentiriam, ora sobre as dificuldades que deveriam enfrentar... Mas Thaisis, a mais entusiasta, tratou de dar-lhes uma injeção de conscientização e ânimo:

– Poderemos, sim, desfrutar de momentos de alegria. Contudo, devemos nos conscientizar que isso vai depender da situação momentânea, tomando como base o que acontecer ou deixar de acontecer. Entretanto, a alegria poderá ser constante, se a mantivermos ligada ao objetivo, que é servir. As dificuldades que, certamente, ocorrerão, serão ou não, vencidas de acordo com o manancial de amor que portarmos em nossos corações, pelo objetivo a ser alcançado. Levemos, sobretudo, como alimento do nosso ideal, o amor, e expressemo-lo na voz, nos gestos e nas ações. Isso certamente será o nosso salvo-conduto.

Assim, conversando animadamente, quando se deram conta, já estavam chegando à casa de Ruth, em Jerusalém. Thaisis, cheia de saudades da bondosa amiga, antes de chegar à porta da casa, falou a toda voz:

– Dona Ruth, cheguei!

Ruth, não menos saudosa, chegou à porta e demonstrando a alegria que sentia, pois havia adotado Thaisis como filha amada do seu coração, abriu os braços para recebê-la. Depois do forte abraço, Thaisis fez a apresentação de Dinah e Dimah e, em seguida, explicou:

– Elas estão comigo, no mesmo ideal de levar ao longo dos caminhos, as mensagens do Raboni.

Ruth falou cheia de alegria:

– Bem-vindas ao meu coração!

Dois dias depois, montadas em camelos, deixaram Jerusalém, para uma longa jornada, conforme haviam planejado. Desejavam percorrer o maior número possível de cidades, vilas e povoados, entre Jerusalém e Cafarnaum, de onde Jesus havia partido para levar a boa-nova a todos os recantos onde pisassem os seus pés. Poderiam encurtar a distância, passando por Jericó e seguindo por caminhos que margeavam o rio Jordão. Mas fizeram opção por outra estrada, que passava por lugares mais habitados, como Emaús, Lida e Antípatris, situadas à margem do Oceano Atlântico. Mais na frente, a Cesareia, onde se localizava o porto marítimo mais movimentado, já que a cidade era um importante centro comercial e por isso, a referida estrada era percorrida frequentemente por caravanas de mercadores que para lá se dirigiam, interessados em bons negócios, tanto nas vendas quanto nas compras. O que facilitaria inicialmente o envio dos pergaminhos contendo os ensinamentos de Jesus. A ideia foi de Dinah, já que, nascida na Samaria, conhecia bastante a região.

Assim, passo a passo, os camelos caminhavam estrada afora, enquanto que elas teciam comentários sobre a paisagem, as poucas flores que vicejavam e o canto encantador dos pássaros. A cidade mais próxima era Emaús a trinta quilômetros de Jerusalém, entretanto para elas, parecia bem mais longe, já que o camelo, embora se tratando de um animal resistente, não é muito veloz. Ainda assim, depois de algumas horas de viagem, elas preferiram parar um pouco na sombra de uma árvore, cujos galhos se alongavam, cobrindo pelo alto, a estrada. Saltaram dos animais, forraram o chão com uma manta e depois de terem se servido com algum alimento, começaram a conversar:

– Felizmente até aqui nenhuma anormalidade. Felizmente mesmo! – falou Dinah e comentou – de quando em vez, corre notícias de salteadores nesta estrada.

– Que o grande Deus nos livre disso, já que somos três mulheres e eles não respeitam e não têm consideração com ninguém – comentou Dimah.

Dito isso, ouviram um vozerio e tropel de animais. Dimah de olhos imensuravelmente abertos perguntou receosa:

– Quem será?

Em instantes, apareceu na curva da estrada, um grupo de mercadores e, o que vinha à frente, ao vê-las, falou a toda voz:

– Olha só companheiros, o que vejo! Não dá para acreditar! Três mulheres sem marido, não deixa de ser interessante! E são lindas!

– Olha o respeito e a consideração que se devem às mulheres, sejam elas quem forem. Seus pais não lhes ensinaram isso, não? Ou você é daqueles que fazem das companheiras, escravas e, além disso, espancam-nas? Esqueceu que a sua mãe é uma mulher e a sua esposa é mãe dos seus filhos? – perguntou o mais velho do grupo.

– Não precisa se exaltar! Não tive intenção de desrespeitá-las. Será que achar alguém bonito é desrespeito?

– Ainda bem – respondeu descendo do camelo e vendo-as temerosas, tentou acalmá-las – não tenham receio! Sou mercador e estou acostumado a passar por esta estrada desde que eu era moço.

Se aproximou delas e cumprimentou-as cordialmente, mas do seu próprio modo:

– Que bons tempos lhe ocorram! Se precisarem de alguma coisa, sem receio, podem contar com a minha boa vontade, pois para não estranharem a minha gentileza, digo-lhes que de um tempo para cá, resolvi seguir ensinamentos de quem sabe mais e isso tem mudado muito o meu jeito de ser. Se eu já gostava de ajudar as pessoas, agora muito mais, pois ouve-se a afirmação que o esperado das Escrituras Sagradas já se encontra na Terra e pude comprovar isso, em Jerusalém, há cerca de uns oito meses atrás, quando o vi falando. Ele é pura sabedoria!

– Nós estávamos lá e temos a mesma convicção de ser ele o salvador e mensageiro de Deus – falou Thaisis, demonstrando interesse pelo assunto.

O outro, não obstante ter sido chamado atenção, deu uma gargalhada zombeteira e falou sem escrúpulo:
– Ora, que mera ilusão! Quem venceria o poder de Roma? Para ser um salvador, teria que vencer o Império Romano que ostenta o maior exército do mundo!
– É melhor se calar, do que falar sem saber o que diz! Este, de quem falamos, é um homem sábio, bondoso e justo! O seu poder não é como de muitos reis que, para se manterem no mando, matam e oprimem sem piedade. O poder deste de quem falo, só pode ter vindo de Deus, pois eu o vi curando um aleijado.

Natan pediu licença e depois de convidar os companheiros para uma rápida refeição, estendeu o convite às três mulheres. Thaisis agradeceu informando que elas já haviam feito isso há alguns minutos atrás e procurou alongar a conversa, já que a postura de Natan estava lhe agradando:

– Acho que o senhor está certo em adotar os ensinamentos do Raboni. Percebi isso com satisfação, porque nós também pensamos assim.

– Então, podemos conversar sem receio, já que há algo em comum entre nós.

– Estamos começando uma longa viagem, com o objetivo de levarmos alguma coisa das lições do Raboni, ao longo dos caminhos – falou Thaisis dando explicações do motivo de se encontrarem ali, em viagem.

Fez uma pausa, enquanto pegava os pergaminhos e falou mostrando-os a ele:

– Estes escritos foram preparados com o objetivo de serem entregues às pessoas. Como não poderemos ir a todos os recantos para entregá-los, peço, se for do seu agrado, distribuí-los por onde passar, pois, o conteúdo é de grande importância e pode causar muitas mudanças na vida de quem se interessar em lê-los.

– Sinto-me honrado em fazer algo em nome do Raboni. Inclusive pretendo fazer, antes de distribuir as mensagens, uma leitura em voz alta, para aqueles que não aprenderam a ler. Há muita gente sofrida, esperando o consolo de uma esperança...

Só depois de aproximadamente duas horas de conversa ele concluiu:

– Falo do bem, pois quem fala do mal já se encontra nele.

Mas já que elas ficaram caladas refletindo o conteúdo da conversa, ele perguntou:

– Pretendem seguir por esta mesma estrada?

– Ela faz parte do nosso roteiro – respondeu Dimah que, até então, estava calada, somente ouvindo.

– Seguiremos juntos, se isso não for desagradável para vocês. Não que eu queira me demonstrar bondoso! É somente pela satisfação de ser útil a quem quer que seja, independentemente de como vive... O que faz, se certo ou errado, a mim não interessa saber. Não fosse assim, eu já teria feito uso da indiscrição, perguntando, por exemplo, quem são vocês, se casadas ou... Se têm filhos... Se são ou não virtuosas, portadoras ou não de pudor... Para mim, o que importa é respeitar todas as pessoas como criaturas de Deus.

Fez uma pausa. Mas já que elas ficaram caladas demonstrando que desejavam ainda ouvi-lo, ele prosseguiu satisfeito:

– Eu não era assim. Mudei toda a minha vida a partir da segunda vez que ouvi a palavra sábia do enviado de Deus!

Assim conversando, não perceberam que o sol já declinava, anunciando com os raios dourados, que a noite estava para chegar.

Montaram nos camelos e, em menos de uma hora de viagem, ele falou em bom tom:

– Estamos chegando a Emaús!

Já na cidade, ainda descendo dos camelos, Natan vendo uma aglomeração de pessoas, comentou:

– Não é normal tanta gente no mesmo lugar! Passo sempre por aqui e sei que, quando isso ocorre, se trata de algum acontecimento importante!
– Vamos ver?
– Os outros companheiros de viagem não demonstraram interesse. Mas Thaisis, Dinah e Dimah, curiosas, seguiram com ele. Logo que foram se aproximando, Thaisis percebeu que alguém falava e disse emocionada:
– Esta voz é inconfundível. É ele! Que feliz coincidência!

Elas alargaram os passos e pedindo licença aos assistentes, em instantes, já se encontravam perto de Jesus. Thaisis fixou nele o olhar, e de repente caiu de joelhos ao chão. Naquele mesmo momento, como nas outras vezes, começou a ver e ouvir, não pelos olhos e ouvidos físicos, mas pela visão e a audição do perispírito. Mesmo na posição em que se encontrava, com a fronte voltada na direção de Jesus, ela passou a ver um ciclo luminoso em volta de todo agrupamento formado pelas pessoas que ali se encontravam. Fora do citado ciclo, ela via dezenas de espíritos com aparência desagradável, tentando romper a divisória fluídica que os delimitava. Levantou o rosto e, olhando para o alto, viu, cheia de surpresa, dezenas de focos luminosos, descendo naquela direção e uma faixa de luzes coloridas acompanhando o movimento dos focos luminosos, como se fossem estrelas que desciam do alto e, ao mesmo tempo, uma peça musical de rara beleza, que parecia encher todo espaço. De repente, sentiu uma onda de alegria tomar-lhe todo o íntimo e sussurrando, passou naquele raro momento, a expressar os seus mais profundos sentimentos:

> *Deus, único e onipotente, agora eu tenho plena certeza de que existes e que o Raboni, que tenho a felicidade de estar tão próxima dele neste momento, é sim, conforme a afirmação do povo que o acompanha, o teu enviado, o salvador da hu-*

manidade. Sendo o criador de toda as coisas, bondoso e amável, guia-me os pensamentos, as palavras e ações, para que eu nunca me esqueça que nasci do teu santo amor.

Logo que ela parou de falar, um, dentre as dezenas de espíritos que se encontravam em volta de Jesus, disse-lhe:

– Não se impressione com o que acaba de ver, pois somos como você mesma. Trilhamos caminhos análogos aos que você e toda criatura humana vem percorrendo, entre lágrimas e alegrias, quedas e soerguimentos, venturas e desventuras.

Fez uma pausa e, em seguida, concluiu:

– Você desceu a este mundo, para uma prova, que será, se não fraquejar no seu testemunho, a sua redenção ante Jesus, a luz que já começa a iluminar no mundo o íntimo das almas sofredoras, mas suscetíveis ao bem.

A entidade luminosa se afastou e Thaisis voltou à realidade momentânea, ao sentir o toque de uma mão sobre os seus cabelos. Abriu os olhos e vendo Jesus com a outra mão estendida para ajudar-lhe a se levantar, exclamou cheia de doce emoção:

– Raboni!

Olhando ternamente para ela, disse-lhe Jesus:

– A distância entre o que você deve e o que deseja, pode ser abreviada. Basta-lhe se sentir filha de Deus e irmã de todos os seres vivos onde se encontra o seu campo de ação redentora.

Fez uma pequena pausa e prosseguiu:

– Não desanime se a dor lhe alcançar, porquanto sem coragem para transportar um fardo, o trabalhador jamais conseguirá os suprimentos das suas próprias necessidades.

Silenciou mais uma vez e, em seguida, fixando um doce olhar no rosto de Thaisis, concluiu:

– Não se cultiva a paz sem a luz da verdade.

A jovem grega voltou a se lembrar das perguntas que gostaria de fazer a Jesus. Entretanto, ouvindo-o atentamente, percebeu que havia recebido muito mais do que desejava. Assim, se limitou apenas a ouvi-lo. Que mais poderia desejar?

Jesus se retirou do local e Thaisis prosseguiu em pé olhando-o e sentindo profunda vontade de estar sempre ao seu lado, mas, a sua tarefa não coincidia com a dele, que era, em síntese, revelar e exemplificar. A dela: compreender, aceitar, praticar e levar adiante.

Ouvindo isso, as irmãs Dinah e Dimah, se entreolharam, já que se encontravam, com o mesmo pensamento. Mas foi Dinah quem expôs a simultânea impressão:

– Thaisis, entendemos e achamos de grande importância o incentivo do Raboni para você levar os seus ensinamentos às longas distâncias e sentimos que você fará isso com ou sem a nossa presença. Mesmo porque, eu e Dimah não estamos inclusas nessa tarefa. Embora nos sintamos entusiasmadas, entendemos que este é um dever particularmente seu, pois se não fosse, o Raboni teria estendido as orientações também a nós. Só agora compreendemos que, para cada pessoa, deve haver uma tarefa específica de acordo com as próprias possibilidades. Tomo como exemplo, a de levar adiante os ensinamentos dele, algo que exige muita dedicação, capacidade de entendimento, vontade firme e coragem, pois certamente há muitos opositores, dentre os que não seguem os mandamentos da lei de Deus, mas são ferrenhos em consideração à lei mosaica e fixam no "olho por olho e dente por dente". E nós, sinceramente, não estamos em condições e por isso, embora a tristeza de voltarmos à mesma condição de fugitivas, decidimos não prosseguir na sua companhia. Não estamos desistindo de seguir o Raboni, isso ocorrerá, só que de uma maneira bem mais acessível a nossa capacidade.

– Fiquem convictas de que um dos meus maiores desejos é tê-las comigo. Entretanto, seria falta de compreensão da minha parte, retê-las junto a mim tão somente para a minha satisfação. Mas, apesar disso, estaremos sempre unidas, pois o que aproxima as criaturas não é a presença física. Mas sim, os sentimentos. Quanto a mim, queridas amigas, seguirei em frente sem me importar com as pedras dos caminhos ou os espinheiros às margens da estrada como se referiu o Raboni.

– E Danti, Thaisis, que você desejava tanto ajudar?

– Agora já compreendo que não podemos ajudar a quem não quer ser ajudado, pelo menos por enquanto. Creio e entendo que sendo Deus justo e bondoso, jamais faltaria o socorro a nenhum dos Seus filhos – todos nós. Acho que Danti, para estar suscetível a receber ajuda, será preciso, antes, ter experimentado os pedregulhos e os espinheiros, como me referi há pouco. Por agora, que eu poderia fazer por ele se ainda estou tentando aprender o que fazer de mim mesma? Quem sabe se no meu retorno a Jerusalém, a situação não nos seja mais favorável? Eu, na condição de ajudá-lo e ele, por sua vez, na condição de ser ajudado, já que não se deve forçar alguém a receber o que não deseja.

A consciência, onde se encontram inscritas as leis divinas, enseja-nos sempre, a oportunidade de compreensão, para o reto discernimento. Thaisis já se encontrava à altura de aceitar a sugestão de Jesus. Dimah, entretanto, ainda guardava no íntimo, ressentimentos do companheiro, pelos maus-tratos dele recebidos. Dinah não havia esquecido a bofetada que recebera de Danti, e ainda desejava ter oportunidade de vê-lo sofrendo, quando não sentia o ímpeto de revidar da mesma maneira. Ambas precisavam, ainda, aprender a guiar as próprias vidas, antes de desejarem contribuir na condução da vida dos outros. E para isso havia meios, e elas, já tocadas pela magia do amor de Jesus, precisavam apenas limpar o coração, fazendo com que o amor já estivesse ao alcance.

Natan, que aguardava à parte enquanto elas dialogavam,

percebendo que a conversa entre elas havia terminado, se aproximou de Thaisis e perguntou :
— Seguem em frente?
— Não — respondeu Thaisis explicando — eu preciso permanecer um pouco mais aqui em Emaús, para preparar mais escritos, pois os que eu trazia passei às suas mãos.
— E elas? — perguntou referindo-se às irmãs Dinah e Dimah.
— Elas também não, porque estão resolvidas a retornar.
Natan levou-as à casa de uma família e depois de recomendá-las, despediu-se emocionado:
— Creia que não vou esquecê-la — disse dirigindo-se a Thaisis — e desejo muito que consiga levar em frente tudo que planeja realizar! Encontrar-nos-emos em algum lugar que sequer imagino onde. Mas quando isso ocorrer, teremos muito o que conversar.

Capítulo 08

Rumos opostos

A fé é a essência dos sentimentos depurados.
Dizzi Akibah

DEPOIS QUE DANTI havia agredido e detido Dinah, um ato de indisciplina, segundo as normas daquele exército, o comandante passou a buscar informações sobre a atuação do soldado, pois a orientação era que, nenhum componente da corporação, criasse qualquer tipo de problema com o povo judeu, a não ser em casos que justificassem a sua intervenção. Apesar disso, tudo prosseguia sem qualquer novidade, em relação à disciplina de Danti, já que, por receio de ser expulso da corporação, procurava evitar reações desagradáveis, até mesmo com os colegas de farda.

Todavia, como a maledicência é veneno que entorpece e contamina quem dela se serve e da mesma forma, quem por ela se deixa contagiar, um dos companheiros de Danti, que se encontrava presente no dia em que ele, mal-intencionado, foi procurar

Jesus, o que já havia ocorrido há quase um ano, procurou o comandante e narrou, em detalhes, o fato, sem deixar de exagerar, buscando o efeito que lhe interessava, que era como ficava claro, prejudicar o colega. Para piorar a situação afirmou que a partir de então, Danti parecia estar apático, sem demonstrar interesse para agir do jeito que era antes; que ele mesmo teria lhe confessado ter agido mal por ter ido procurar o suposto salvador do povo judeu, porque desde o momento que ele havia lhe dirigido o olhar, algo havia mudado na sua vida a ponto de não se sentir a mesma pessoa de antes, imaginando que estaria enfeitiçado; que havia perdido o ânimo para usar as armas como antes, a não ser, para se vingar da sua mulher que o havia abandonado; que não conseguia tirar da mente a lembrança do rosto do suposto salvador e isso acabava lhe deixando sem vontade de continuar usando as armas.

O comandante, surpreendido com o que acabava de ouvir com referência a Danti, já que o admirava como um guerreiro forte e valente, recomendou:

– Continue observando-o e a qualquer deslize do seu comportamento, cientifique-me!

Bastou terminar a conversa maledicente com o comandante, o soldado foi à procura de Danti com intenção de ganhar sua confiança e ficar à vontade para levar o que descobrisse ao comandante. Assim, ao encontrá-lo foi logo falando:

– Vim te procurar para avisar que o comandante está de olho em você. Por isso se cuide!

– Eu vou solicitar ao comando uns dias de licença para procurar Thaisis e resolver o meu maior problema no momento. Se eu encontrá-la e ela pedir clemência, tentarei a reconciliação. Se ela não aceitar, matá-la-ei, pois não tolero traição!

– Pelo que eu observo, acho que você foi realmente enfeitiçado pelo dito salvador. Mas isso não serve de justificativa para pensar em tirar a vida de uma mulher indefesa! Se você, soldado valente e acostumado a enfrentar tantos perigos, só porque esteve uma vez na frente do suposto salvador, ficou assim, imagina ela! Ora, Danti, como se imaginar traído pensando que ela foi procurá-lo como um homem qualquer? Não viu as dezenas de mulheres novas, maduras e até já velhinhas, também à procura dele? E o grupo de homens, conforme eu soube, que acompanham-no ao longo das estradas? Acorde! Se você se encontrar com ela, deve é pedir perdão! Não seja arrogante, mas sim um pouco humilde.

Embora a intenção do soldado fosse provocar Danti para colher da sua reação algo que valesse a pena levar ao conhecimento do comandante, foi válida a sua expressão em relação a Thaisis, pois o único interesse dela para com Jesus era a busca das suas lições luminosas.

Danti se levantou rapidamente do banco onde estava sentado e perguntou:

– Será que fui injusto e ainda continuo sendo para com ela?

– No meu entender sim. E tome cuidado, pois por qualquer deslize daqui para frente, você será expulso do exército ou no mínimo removido para outro lugar.

Dias depois Danti foi ao comando pedir uns dias de licença, afirmando que não se encontrava bem de saúde e que precisava se cuidar e também descansar um pouco em casa.

A licença foi concedida, mas recebeu na oportunidade, a seguinte advertência do comandante:

– Só mais um deslize no seu comportamento, fique certo de que será péssimo para você! – ameaçou-o severamente.

Mas ainda assim, Danti pagou alguns companheiros que se encontravam de folga para acompanhá-lo e saiu com eles à procura de Thaisis, por toda a cidade. Entretanto, isso não demorou muito, pois o mesmo companheiro maledicente, imediatamente foi avisar ao comandante, que se sentindo enganado, tratou de afastar Danti, removendo-o para o agrupamento do exército na Samaria.

Enquanto isso, Thaisis se distanciava cada vez mais de Jerusalém. Acabou ficando mais de um mês preparando os pergaminhos para serem distribuídos e reunindo o povo de Emaús para falar sobre Jesus e explicar os seus ensinamentos, tempo suficiente para, com a sua bondade, gentileza e constante alegria, conquistar a simpatia e estabelecer novas e sinceras amizades, como ocorreu com uma adolescente chamada Chaya Abi, que depois de ajudá-la a escrever os pergaminhos, queria deixar a família, para seguir com ela. Mas Thaisis então, aconselhou-a:

– Chaya, em relação aos ensinamentos do Raboni, você se encontra entre as pessoas que mais compreenderam com clareza de raciocínio. Entendo as suas boas intenções, entretanto, embora crescida, você é ainda uma menina e pelos caminhos que vou continuar percorrendo, não há somente flores e alegria. Há também pedregulhos e espinheiros. Você e muitas outras pessoas daqui, afeitas aos mandamentos das leis de Deus, compreenderam que Jesus é o mensageiro divino conforme as escrituras. Todavia, há muita gente ainda arraigada aos seus princípios e tradições. E o que podemos esperar dos que se deixam conduzir pelo receio de serem desmascarados pela verdade? Eu, Chaya, sou adulta e estou consciente dos perigos que posso correr.

Depois de uma breve pausa, concluiu:

– O seu lugar é ainda junto aos seus pais. Se quando você estiver adulta, ainda desejar seguir os ensinamentos do Raboni, descobrirá que há realmente muito o que fazer, mas é preciso antes saber como.

Chaya abraçou Thaisis enquanto falava:

– Compreendi e penso que a nossa aproximação não se deu

somente pela simpatia, mas sobretudo, pelo mesmo ideal de servir. E isso eu continuarei com ou sem a sua presença.
– Muito bem, Chaya, siga em frente!
Já na estrada, enquanto o camelo seguia obediente, Thaisis repassava a sua vida com Danti. Embora houvesse afirmado que nada poderia fazer por ele, por enquanto, – conforme narração anterior – depois de pensar, pensar em tudo que ultimamente ocorria entre ela e ele, falou para si mesma:
"Oh, só agora eu compreendo que ele é uma alma que se encontra atordoada e precisando de ajuda! Talvez, se em vez de abandoná-lo, eu agisse com paciência e tolerância, ele conseguisse compreender a situação por outra ótica que não fosse a do ódio. Quem sabe se não bastaria lhe dizer naquele momento, "eu te amo", como já havia dito tantas vezes? Um sorriso, por exemplo, pode desarmar muitas disposições alimentadas pelo ódio. Bem que eu poderia até me justificar, porque eu não sabia! Mas agora eu sei."
O assunto não saía da sua mente e, assim, ela prosseguiu presumindo:
"É verdade que eu não sabia, na época, como reagir ante uma situação que eu achava embaraçosa. Mas agora já sei."
Lembrou-se de que Natan, o mercador alegre e gentil, afirmara ter aprendido muitas coisas com o hábito que mantinha de observar as ações e reações das pessoas, pois cada um tem uma história que é contada pela própria vida e perguntou-se:
"E por que a minha história e a de Danti fundiram-se inicialmente em uma, mas em tão pouco tempo a união foi desfeita e agora as nossas vidas seguem caminhos tão opostos?"
Assim, conjecturando, ela percebeu que o sol acabava de se esconder no horizonte e como sentia receio de ficar sozinha à noite, se aproximou de uma casa, à margem da estrada, se identificou e pediu pouso.

– Vem de onde e está indo para onde? – perguntou a dona da casa.

– Eu venho de Jerusalém...

– Tomara que você não seja ligada aos invasores romanos!

– Não sou romana.

– E o que faz você, sozinha, por estas estradas que de quando em vez são tomadas por salteadores?

– Tento semear o bem nos corações das pessoas que há muito tempo vêm guardando esperança na vinda de um mensageiro de Deus, para salvar a humanidade. Afirmo com alegria que ele já se encontra entre nós. Já ouviu falar ou ele já passou por aqui?

– Se passou, foi lá pela estrada. Aqui em casa, não! Eu ouvi falar num homem que anda por aí afora... Dizem que faz coisas que mesmo quem vê, fica sem acreditar. Mas que ele é um mensageiro de Deus, esta é a primeira vez que ouço falar. Mas por que você afirma isso?

– Primeiro, porque eu o conheci e, segundo, pelo que ele fala e faz. Cheio de bondade e sabedoria, ele não age com base na lei mosaica que defende o "olho por olho e dente por dente". Em vez disso, o Raboni nos convida *a amar a Deus sobre todas as coisas, e ao próximo como a si mesmo, e perdoar as ofensas setenta vezes sete vezes.*

– Que conversa é essa, mulher? Você não sabe que os romanos dominam todos com o poder das suas armas assassinas e você fala em perdão? Eles merecem ódio!

– Mas o Raboni nos ensina que devemos perdoar!

– Perdão para os romanos?

– Não só para eles, para todos que nos ofendem ou prejudicam.

– Sua conversa é muito estranha!

– O perdão pacifica e faz voltar a paz dentro de nós. E experimentar o amor é buscar o bem-estar e a alegria de viver, com as bênçãos de Deus.

– Bem. Como eu disse, sua conversa é realmente meio estranha, mas já deu para sentir que você não é gente ruim. Por isso, pode descer do camelo e ficar esta noite aqui. Se está faminta e tem costume de comer boas comidas, pode esquecer, porque aqui não vai encontrar.

Thaisis sorriu e respondeu:

– Nem se preocupe, porque eu trouxe meu alimento.

Assim seguia Thaisis, depois de ter sido tocada no mais profundo do íntimo, ao contemplar a face de Jesus e o brilho do seu olhar, que fluía de duas estrelas encravadas naquele rosto belo e sereno. Embora toda esta beleza que ela havia contemplado, não foi apenas este o motivo que a fez tomar a decisão de segui-lo. Foi, sobretudo, por ter compreendido que Jesus era puro amor e sabedoria. E com o propósito de servir, ela se abastecia de fé, para levar em frente a semente da paz e semeá-la no terreno fértil dos corações afeitos ao bem. Naqueles em que identificava aridez, mantinha silêncio, respeito e seguia em frente. Ainda assim, conforme Jesus asseverou, ela encontraria pedregulhos e espinheiros pelos caminhos.

Até ali, já havia experimentado dissabores resultantes de agressões e de situações outras como ser expulsa de alguns lugares por onde passou e sofrer desrespeito as suas mais sagradas convicções. Mas, apesar de tudo, seguia em frente levando os ensinamentos de Jesus, quer pessoalmente ou entregando os seus escritos aos mercadores de boa vontade. Quando era bem recebida e aceita nos lugares que passava, sempre surgia alguém para lhe acompanhar até a próxima parada. Mas quando isso não ocorria, ela seguia sozinha, mantendo a audição ativa, pois a qualquer alarido ou tropel de animais, ela se escondia no mato às margens da estrada. Dessa maneira, pouco mais de ano da sua saída de Jerusalém, Thaisis já havia percorrido entre Emaús e Cafarnaum, dezenas de localidades, entre cidades, vilarejos e pequenos povoados, distribuído centenas de rolos de pergaminho.

Ao chegar em Cafarnaum, ela seguiu direto à praia, lugar preferido de Jesus para falar ao povo no começo da sua sublime missão. Lá, ela passou a meditar, observando a água encrespada pelo movimento dos ventos e as pequenas ondas, que banhavam a areia da praia no seu constante vai e vem:

– Quantas palavras, quantos ensinamentos luminosos!

Falou, descendo do camelo, seu leal amigo e companheiro de viagem. Sentou-se na areia da praia e prosseguiu a sua meditação. Depois de algum tempo, abriu os olhos, olhou para o alto, onde já brilhavam algumas estrelas e começou a falar:

– *Deus, misericordioso pai! O meu sentimento, neste momento, é de gratidão pela tua misericórdia, pois, pobre de virtudes e obscura na ignorância, tenho convicção de que não mereço o que venho recebendo da tua infinita bondade, já que sinto-me na condição de um cego que passa a enxergar e fica deslumbrado com as novidades que, para ele, eram desconhecidas. Assim sou eu, senhor, com a minha visão, que se amplia e me deixa extasiada ao contemplar o que ainda não conheço. Não sei, ó Deus, pai amado, para que me deste esta visão, o seu significado e o que fazer com ela. Diante de tantas dúvidas, pergunto: que queres que eu faça, Senhor?*

Silenciou. Em volta, ouvia-se apenas o ruído das pequenas ondas tocando a areia. Nesse estado íntimo, voltou os olhos para o alto, viu um foco de luz vindo na sua direção. Instantes depois, uma entidade espiritual de admirável beleza tocou os pés na areia da praia bem na sua frente. Depois de observá-la por instantes, Thaisis perguntou deslumbrada:

– Encontro-me ante um anjo de Deus?

O espírito respondeu sorrindo:

– Embora estejam todas as criaturas de Deus fadadas a serem anjos, é possível que ainda me faltem alguns milhares de anos, para eu ser classificado como tal.

Fez uma pequena pausa e, em seguida, completou:

– Sou como você mesma e todos os filhos de Deus, na luta sem trégua, para despertar o infinito de potencialidades que, dormitando no íntimo, aguarda as condições favoráveis ao despertar, assim como ocorre com a semente, que ao experimentar o calor do solo fecundo, desperta a grandiosa árvore do porvir, que nela se encontrava sintetizada.

Fez nova pausa e voltou a falar mudando o tom da voz:

– Ouvi o seu pedido direcionado a Deus durante a oração e aqui me encontro para a seguinte explicação: o fenômeno que lhe faculta a possibilidade de ver à distância, não ocorre através da visão restrita dos olhos físicos, pois esta é inerente apenas às funções que o espírito vem desempenhar no mundo material, mas a do corpo espiritual, que não se limita pela distância, a depender do despertar e do grau evolutivo, conforme você mesma pode testemunhar, pois, no momento em que você se dirigiu a Deus em prece, eu me encontrava a milhares de quilômetros daqui, mas vi-a e ouvi o seu pedido direcionado ao Criador.

Fez uma rápida pausa e prosseguiu explicando:

– Cito-me como exemplo, pois, enquanto revestido por um corpo físico, como é a sua atual situação, eu já passei incontáveis vezes pela morte e aqui me encontro ante você, revestido por um corpo fluídico e, felizmente, pleno de vida.

Depois de uma breve pausa ele prosseguiu explicando:

– Há muito o que se falar e aprender sobre este assunto, mas isso só se dará no porvir, quando os espíritos que povoam a Terra se encontrarem nas devidas condições para o desejado entendimento. Entretanto, as explicações que lhe presto neste momento, embora superficiais, são necessárias para a compreensão do fenômeno que você mesma define como visão ampliada, que é apenas a visão do corpo fluídico, em proporção ao avanço que o espírito já tenha alcançado, sendo que, para os espíritos iluminados, não há limite para a visão e nem para a audição. Embora você esteja vivendo ainda no corpo físico, o fenômeno lhe ocorre tão somente por causa da sua evolução espiritual que já permite, mas sobretudo, na qualidade de condição necessária para uma tarefa específica, como oportunidade de soerguimento, caso você consiga desempenhá-la.

Fez uma pausa, tempo suficiente para a assimilação e prosseguiu prestando as informações que ela precisava para o melhor entendimento:

– Aqui, no plano material, há muitos que já experimentaram e muitos outros que continuam ainda experimentando os citados fenômenos, sem ainda saber defini-los e também qual a sua finalidade. Tomo como exemplo os profetas que foram medianeiros de importantes revelações emanadas do mais alto, como a vinda de Jesus a este planeta. Mas, os caminhos, com o advento da doutrina de Jesus, começam a ser preparados para muitas outras revelações, que ainda se encontram no porvir. Por enquanto não seria viável um esclarecimento mais aprofundado, pois, são raríssimos os que já se encontram em condições favoráveis da desejável compreensão. Assim, até chegar à época das citadas revelações, não será conveniente desfazer determinadas crenças, uma vez que profetas, pítons e adivinhos prosseguirão na condição de medianeiros entre os dois mundos: o espiritual e o material, cuja natureza das comunicações são sempre inerentes ao grau de desenvolvimento moral, tanto do comunicante, quanto do que recebe a comunicação. Por isso não devemos acreditar "nem em todo homem e nem em todo espírito". Mas, para saber se o que dizem é falso ou verdadeiro, basta compreender a lição de Jesus: *conhece-se a árvore pelo fruto.*

Mais uma pausa e em seguida, continuou explicando:

– O que fazer com esta possibilidade? Durante o tempo em que você ainda se encontrava buscando conhecimentos, pondo-os em prática e, em consequência, mudando o modo de viver, a sua visão espiritual se encontrava restrita e cuidadosamente programada para ver apenas o que lhe deixava deslumbrada, sem que fosse isso qualquer tipo de privilégio, mas sim, uma medida necessária para preservação do equilíbrio até que você chegasse às condições favoráveis para a liberação total da sua capacidade visual, o que vai ocorrer a partir de agora.

O espírito silenciou, propositadamente, para facilitar o bom entendimento de Thaisis e ela então perguntou:

– Se com a minha visão ainda restrita, eu pude ver o que sequer me sinto merecedora, que mais mereceria ver além disso?

– Agora que você já adquiriu o desejável equilíbrio emocional, não é mais preciso qualquer tipo de controle, porquanto, já estando preparada, passará a ver também espíritos nas suas variadas manifestações, desde os necessitados de consolo aos que ainda jazem na rebeldia. Somente com a prática você entenderá que Deus não dotaria os Seus filhos, que somos todos nós, de possibilidades, sem que houvesse uma justa finalidade.

– Eu saberei o que fazer ante tais situações?

– Se ainda lhe faltassem as necessárias condições, a sua visão, aparentemente ampla, prosseguiria restrita.

– E o que eu devo dizer, por exemplo, aos que necessitam de consolo?

– Busque, dentre o que já aprendeu com o Mestre e a resposta lhe virá. Asseguro que não haverá qualquer dificuldade, pois as potencialidades interiores, inclusive as que dizem respeito ao amor, que ainda dormitavam no seu íntimo, despertaram, depois de tocadas pela onda de luz emitida por Jesus, o que agora lhe proporciona a ventura de poder cultivar a sua própria iluminação, servindo com amor e abnegação.

– Há muitos que se manifestam contrários ao bem, como pude observar certa feita, enquanto ouvia as palavras de Jesus. Em determinado momento, passei a ver um ciclo luminoso em volta de todo o espaço onde, além de mim e dezenas de pessoas, muitos espíritos estavam atentos às palavras de Jesus. Entretanto, fora desse círculo, que me parecia um muro de luz, se encontravam dezenas de espíritos que tentavam ultrapassá-lo. Como não conseguiam por causa das suas intenções que, provavelmente não eram boas, esbravejavam proferindo palavras inapropriadas ao local e ao momento, provocando um ruído bastante incomodativo. Pergunto: se eu me defrontar com espíritos em tal situação de obscuridade, ódio ou revolta, que faço?

– Ame-os, como agiram os que assessoravam Jesus naquele momento, como creio ter ocorrido.

– E os que se apresentarem tristes e desconsolados?

– Reanime-os com amor!

– E aos que guardam ressentimento, que digo?

– Desperte-os para a terapia do perdão, como um ato de amor.

– Se os espíritos podem manter-se odientos depois da morte, conforme fui informada por uma senhora, por nome Ruth, que farei se o ódio for, por alguma razão, dirigido a mim?

– O ódio é escuridão. Dissipe-o com a luz do amor!

– Então, o amor serve para tudo?!

– Não apenas serve para tudo. Ele é o todo de tudo, como a feliz expressão de um dos apóstolos do Mestre, que eu mesmo tive a feliz satisfação de ouvir: *Deus é amor*.

A entidade espiritual, referiu-se a João Evangelista.

Thaisis silenciou por alguns instantes e, em seguida, expressou assim a sua gratidão:

– Tenho muito a agradecê-lo, principalmente por reconhecer que não há em mim qualquer merecimento para as dádivas de sabedoria que acabo de receber.

A entidade espiritual sorriu e, ela se sentindo mais à vontade, perguntou:

– Já que não devo chamá-lo de anjo, poderia me dizer o seu nome?

– Chame-me Caridade. Um dia, que não está tão longe, esta poderá ser também a sua denominação.

Parou de falar, fundiu-se na claridade que dele mesmo emanava e tomando a forma de um foco luminoso, em instantes, já havia desaparecido da visão espiritual de Thaisis, que permaneceu um pouco mais sentada na areia, pensando no que acabara de ver e ouvir. Em seguida, levantou-se, montou no camelo e foi procurar uma estalagem.

Capítulo 09

O RETORNO

A verdade norteia o caminhante. Todavia, só o amor ilumina os caminhos a serem percorridos.
Dizzi Akibah

DEPOIS DE PASSAR alguns dias em Cafarnaum, onde manteve contato com adeptos da Boa-Nova, Thaisis seguiu para a Galileia. Lá, com a sua facilidade de comunicação, dialogou com dezenas de pessoas, entre elas, um casal muito querido e respeitado por todos. Ele, pelo muito conhecimento que acumulara sobre a vida, já que reservava na sua casa um compartimento que fora transformado em biblioteca, onde se encontravam centenas de rolos de pergaminho versando sobre assuntos diversos. Admirador da filosofia de Sócrates, mantinha em pergaminho preciosas anotações sobre os conhecimentos de Platão e Aristóteles. Conhecia a lei mosaica e sabia interpretá-la com admirável clareza. Entretanto, o seu maior interesse focava as escrituras e Elias era o profeta da sua admiração. Guardava há muitos anos a certeza da vinda de um salvador para a humanidade e alimentava a esperança de, antes de findar a sua existência, conhecê-lo, o que havia ocorrido há poucos meses.

Ela, por sua vez, pela bondade e pelo carinho com que tratava a todos, era amada e respeitada como mãe dos necessitados, a quem há muitos anos amparava e socorria nas situações mais difíceis da vida. Por isso, no momento em que Thaisis chegou à sua casa, eles eram pura alegria. E com esta mesma satisfação pela vida, receberam-na com demonstrações de carinho e consideração:

– Um só momento de alegria vale por anos de espera. Bem-vinda seja a esta casa e aos nossos corações – falou Absalon incluindo Ashira, sua esposa, na agradável recepção.

Diante da receptividade, Thaisis se sentindo à vontade, respondeu:

– Compartilho o referido momento de alegria, porque há muito tempo desejo conhecer alguém como o senhor, pois segundo as informações que me foram passadas, não se trata apenas de um novo e respeitável amigo, mas certamente, um tesouro precioso de conhecimentos. E a senhora – falou dirigindo-se a Ashira – pelo amor com que trata e ampara os necessitados.

– Fique à vontade, filha! Entendo que há uma diferença muito grande da minha para a sua idade, já que, se eu tivesse a ventura de ter netos, certamente estariam na sua faixa etária. Entretanto, onde surge a afinidade, como as de gosto e ideal, os pensamentos se convergem e a diferença etária desaparece. Já fui informada da grandeza das suas intenções em relação aos ensinamentos do Raboni e creia, os seus feitos serão partes importantes da história de muitas vidas. Afinal, com base na fala do Raboni em referência aos bons sentimentos, posso afirmar que o amor é contagiante. E você, filha, expressa amor no olhar, na fala e na suavidade do seu sorriso. Não pense que estou simplesmente tratando de elogios, pois aprendi ao longo da vida a não ocultar a verdade.

Thaisis abaixou a cabeça, pois apesar da convicção de que àquela altura já não se sentia a mesma pessoa de antes de conhecer Jesus, mantinha a humildade de reconhecer que estava ainda começando a trilhar a longa estrada do aperfeiçoamento e da iluminação interior. Convicta, ela respondeu:

– Estou dando ainda os primeiros passos de uma longa e difícil caminhada.

– Onde chega a luz, a escuridão desaparece. E a luz que agora começa a clarear o mundo é a mesma que vem apontando para você o rumo certo – interveio Absalon.

Em pouco menos de duas horas de conversa, Thaisis já se sentia à vontade com os anciãos, mas teria que deixá-los, pois a noite já estava chegando e ela deveria, segundo a sua vontade, retornar à estalagem. Contudo, ao levantar-se, Absalon tomara-lhe a frente para não deixá-la sair e Ashira, então, explicou a razão pela qual não desejavam que ela voltasse para a estalagem:

– Filha, compreendemos que quem dedica a vida por amor a uma tão nobre causa e para isso se desloca às grandes distâncias, como o seu próprio exemplo, pode se deparar com muita dificuldade, pois, por muito operoso que seja, nem sempre consegue superar as próprias necessidades para a sobrevivência. Por isso, nos sentimos honrados em cooperar com a sua obra. E sendo este o único meio que no momento dispomos, aceite a nossa ajuda ficando conosco quanto tempo precisar ou se a nossa companhia lhe agradar, considere este teto também seu durante o tempo que precisar, ou desejar. Sinta-se à vontade, como se estivesse na casa dos seus pais.

As palavras de Ashira tocaram fundo a sensibilidade de Thaisis e, de repente, ela passou a sentir uma profunda ternura por aquele casal de idosos, que, sem se dar conta, havia até ali servido de exemplo para muitas famílias, pois, providos de uma situação financeira equilibrada, sentiam-se ditosos e alegres, por poderem prestar assistência às dezenas de pessoas carentes do lugar. E enquanto distribuía donativos, como gêneros alimentícios, roupas e medicamentos dentre os existentes na época, orientava-as segundo a necessidade de cada uma.

Durante toda aquela semana, a conversa girava num repasse à história da humanidade, citando personalidades mais destacadas e os grandes acontecimentos que mudaram os rumos da humanidade ao longo do período entre Sócrates e Jesus. As palavras de Absalon eram retidas por Thaisis, com visível interesse e total atenção. Na véspera da sua despedida, ela estava convicta de que tudo que acabara de ouvir, poderia ser considerado um roteiro delineado pela vontade de Deus, apontando os caminhos que a humanidade deveria percorrer, até que pudesse transformar algum lugar, num ambiente favorável à vinda de Jesus, a luz do mundo. No dia seguinte, antes de se despedir, achando que não mais voltaria a vê-los, já que planejava retornar a Roma, aproveitou o ensejo para a última conversa com Absalon, que ocorreu num tom agradável:

– Senhor Absalon, o que é a vida?

– É um dom que provém da mais pura essência universal, que é o amor divino.

– E o seu principal sentido?

– Alcançar a plena felicidade.

– E os que praticam o mal serão condenados por Deus ao inferno, como acredita o povo daqui?

– Como tantos outros cheguei a acreditar, mas somente até o dia em que conheci a parábola do Raboni, alusiva ao filho pródigo, pois, chegando ao final da narração, o Raboni destacou o perdão daquele pai justo e amoroso, que recebe o filho lhe dando uma nova oportunidade de se realinhar à desejável

conduta e conclui afirmando: assim também é o nosso Pai que está nos Céus.
– E os que percorrem caminhos tortuosos, ceifando vidas?
– Verterão as más predisposições em suor e lágrimas, até que aprendam a preservá-las.

Depois de pensar na resposta e compreender que se tratava do "nascer de novo," a que Jesus havia se referido a Nicodemos, ela voltou a perguntar:
– E a tristeza?
– Fruto da não aceitação do inevitável.
– E o que podemos considerar inevitável?
– A colheita dos frutos das próprias sementeiras.

Mais uma vez ela silenciou, mas a sua mente conjecturava: "as sementeiras devem ser as nossas ações e a colheita dos frutos, o resultado do que fizemos". Momentos depois, ela voltou o olhar ao ancião e perguntou:
– A compaixão?
– A prova de que já estamos prestes a sair de nós mesmos, pela exteriorização do amor, para servir em nome da caridade.
– E a confiança?
– Um voto.
– A decepção?
– Uma prova inequívoca de que, erradamente, tentamos exigir dos outros, que nos proporcionem o que eles, simplesmente, não possuem ou que não merecemos.
– E o sorriso, senhor Absalon?
– É a paz se manifestando, momentaneamente, no desabrochar das pétalas da alegria.
– A lágrima?
– Aludindo-se ao íntimo, é comparável a um rio, cujas águas levam os detritos, até alcançar a pureza da sua originalidade.
– E o futuro?

– O Raboni asseverou que a cada dia o seu próprio labor. A soma das experiências de cada dia estabelece a qualificação do futuro, individual ou coletivo.
– A dor física?
– Um alerta chamando a atenção para melhores cuidados para com a saúde.
– E a dor moral?
– Presente na alma, é um método de educação ou reeducação das qualidades morais.
– E o poder, senhor Absalon?
– Tanto o poder de mando, quanto o provindo da riqueza, constituem-se em desafios perigosos, ante as leis de Deus.
– Finalmente, senhor Absalon, fale-me do amor.
– É o todo de tudo. Se Deus é amor, conforme asseverou João, apóstolo de Jesus, logicamente, o amor é o próprio Deus.

Demonstrando a satisfação que sentia, naquele momento, para ela, inesquecível, Thaisis perguntou, esboçando um belo sorriso:
– E a verdadeira amizade?
– É tão pura como a virgindade da pétala de uma flor, antes de ser tocada pelas asas de um inseto. Conquanto a sua durabilidade não seja tão breve como a da flor, pois logo se decompõe, mas que seja perene, como perene é a vida em Deus!

Thaisis levantou-se, mirou por instantes aquele homem de corpo já curvado pelo tempo, cabelos brancos como a neve e deixou que a emoção, a doce emoção do momento se esvaísse em lágrimas que, embora emotivas, assemelhavam-se a pérolas rolando pelo seu rosto jovem e belo. Afinal, estava na hora da despedida. Ashira, que ouvia o diálogo, à parte, cheia de satisfação, levantou-se da cadeira onde estava sentada, estendeu a mão e perguntou a Thaisis:
– É bonita esta joia?

– Belíssima – respondeu Thaisis, sem ter notado as intenções da boa anciã.

– Eu ganhei-a de presente aos quinze anos, quando morávamos ainda em Atenas. Mas, agora, ela perderia a sua beleza, se colocada no meu braço, já tão envelhecido. Mas no seu, ela será vista com todo reluzir da sua beleza. É uma lembrança que lhe peço receber, pois o meu coração me diz neste instante, que talvez não mais nos veremos e que se isso ainda ocorrer, será apenas em breves momentos.

Thaisis, não afeita a qualquer tipo de adorno para o seu corpo, poderia sim recusar, mas seria uma postura por demais desagradável, pois ao dirigir o olhar diretamente aos olhos de Ashira e vendo-os brilhando, lembrou-se do brilho dos olhos de Jesus, que ela traduzia como puro amor e estendeu a mão. Ashira colocou a joia no seu pulso e exclamou cheia de alegria:

– Como eu disse, ficou linda em seu braço!

Naquele mesmo momento, Absalon que havia se dirigido à sua biblioteca, se aproximou abraçado a uma dezena de rolos de pergaminho e falou sorrindo:

– Esta é a minha lembrança: sabedoria, sabedoria, sabedoria!

Thaisis, bastante emocionada, segurou os rolos de pergaminho, colocou-os junto a sua pequena bagagem e abraçou, simultaneamente, os dois idosos, a quem dificilmente esqueceria. Em seguida, montou no camelo, iniciando a sua viagem para, novamente, ir parando de cidade em cidade, vilarejos e povoados, não somente levando a mensagem de Jesus em palavras, para consolar e gerar esperança como ocorrera até chegar à Galileia, mas em ação, pois conforme lhe dissera a entidade espiritual, o campo visual da sua vidência se ampliaria, e já que contava com o preparo e o equilíbrio necessários, passaria a ver também os espíritos necessitados de reequilíbrio.

Sua primeira parada foi em Cafarnaum e se deu de uma forma inesperada, pois defrontou-se, sem que esperasse, com a primeira oportunidade de testar as suas possibilidades de lidar com espíritos desencarnados e desequilibrados.

Chegando a uma praça, onde se concentrava o comércio da cidade e por isso mesmo o maior movimento de pessoas, ela viu um homem atirando pedras em todas as direções e as pessoas tentando se proteger. Em vez de recuar, ela seguiu em frente e quando se aproximava do local onde se encontrava o homem, alguém, dentre as pessoas que ela havia conhecido, gritou:

– Thaisis, volte, ele está possuído! São espíritos imundos que o deixam louco!

Thaisis puxou a rédea do camelo fazendo-o parar, se concentrou, dirigiu-se a Deus em prece e, em instantes, passou a ver pela mediunidade de vidência, o que as outras pessoas não conseguiam. Observou que, realmente, eram espíritos desequilibrados que tomavam a mente do pobre homem. Naquele momento, uma onda de amor tomou todo o seu íntimo e lembrando-se de quando presenciou Jesus curando um aleijado, estendeu a mão e, momentos depois, percebeu deslumbrada, pela mediunidade de vidência, fios luminosos fluindo das extremidades dos dedos e formando a seguir, um feixe de luzes multicores, que tocava primeiro no alto da cabeça do homem. Em instantes, ele estava totalmente envolvido naquela claridade, que ninguém mais, entre os encarnados, conseguia ver, a não ser ela mesma.

Tudo isso ocorreu numa fração mínima de tempo. Entretanto, logo que ela parou e percebeu o resultado positivo da sua ação, se dirigiu ao homem, que se encontrava sentado no chão, cobrindo o rosto com as mãos e, com a voz, pura expressão de bondade, disse-lhe:

– Coragem, meu irmão! Deus existe e o divino Raboni é o seu mensageiro que veio nos ensinar como viver melhor.

Assustado, ele dirigiu o olhar para ela sem conseguir escon-

der a vergonha que sentia de si mesmo. Todavia, ao terminar de falar, ela estava com as mãos estendidas, oferecendo-as em apoio para ele se levantar.
- Como está se sentindo agora?
- Envergonhado! Todos aqui acham que eu estou louco!
- Não! Você não está, nem ficará louco se quiser me ouvir. Reside aqui perto?
- A minha casa fica bem daquele lado ali - respondeu apontando com a mão, mas eu não posso retornar a ela.
- Quer me levar lá?
- Sim, mas não vou me aproximar.

Thaisis pegou a rédea do camelo e seguiu o homem que ia na frente, ela no meio e o camelo atrás. Depois de dez minutos de caminhada, ele falou novamente apontando com a mão:
- Ali era, até eu perder o juízo, o meu lar. Mas a minha mulher me expulsou. Por isso, não posso me aproximar sem que ela me expulse novamente. Ela não está errada! Para que quer um louco dentro de casa?

Thaisis se aproximou da casa e chamou. Uma mulher chegou à porta e perguntou:
- Quem é você e o que deseja?
- Senhora, aqui me encontro para lhe dizer que o seu marido não está louco e nem demoniado, pois os que lhe causavam a aparente loucura, já não se encontram junto a ele para molestá-lo. Ele agora está bem!
- Diz-me isso por não saber certamente o que eu tenho passado com ele. Desculpe, mas eu não acredito no que você está me dizendo.

Fez uma pausa e em seguida, olhou bem de frente para Thaisis e perguntou:
- Quem é você?
- Eu sou uma seguidora do mensageiro de Deus, aquele mes-

mo que há pouco tempo, curou muitas pessoas, inclusive um paralítico, aqui mesmo, em Cafarnaum. Soube disso?

– Sim. Vi-o de longe, mas não pedi a ele para curar o meu marido porque estava desaparecido. Voltou pra cá ontem e já está atormentando a cidade.

– É possível que isso não mais aconteça, por isso peço que o receba de volta no seu lar e no seio da família que você e ele formaram, certamente com a mesma esperança de uma união sadia, que mantém todos aqueles que se buscam, para a formação de uma família.

A mulher silenciou. Thaisis percebendo que ela acatara a sua sugestão, foi buscar o homem que ficara afastado da casa, aguardando.

– Venha! – disse ela acenando com a mão.

Na pequena trajetória, ele perguntou:

– Tenho certeza que melhorei depois que você se aproximou de mim! Quem é você?

– Sou uma seguidora do mensageiro de Deus – repetiu o que havia dito à mulher.

– Aquele que chamam de Raboni? Oh! Como eu desejei, nas poucas vezes de lucidez, entre uma crise e outra, encontrá-lo para pedir ajuda. Mas eu estava perambulando pelas estradas, dormindo no relento, passando fome e sede. Além de ter sido expulso da minha casa, eu estava morrendo de vergonha. Parece que um anjo do céu lhe mandou aqui para me ajudar. Pois você jovem, foi a única pessoa desde quando tudo começou a acontecer comigo, que sentiu compaixão de mim.

Assim conversando, chegaram à porta da casa. A mulher se aproximou, mas, mantendo certa distância. Ele, que se chamava Boaz, fixou o olhar na esposa e falou com a voz de ternura:

– Batya, perdoe-me! Todo mal que fiz, não foi por mim, pois guardo os mesmos sentimentos de quando nos conhecemos!

– Boaz, você está mesmo curado? Se estiver, eu nada tenho a perdoar, pois só te mandei embora daqui, por que eu e os nossos filhos estávamos morrendo de medo.
Ele então, voltou-se para Thaisis e perguntou:
– Eu estou curado, não estou?
– Você não está curado, pois não sofria de nenhuma doença. Está livre de uma situação vexatória e assim continuará, se mudar os pensamentos, as ações e os sentimentos quando não forem bons, por melhores.
Fez uma pausa. Mas vendo o casal e os filhos com os olhos fixos nela, voltou a falar:
– Esta casa, por exemplo, está precisando de orações direcionadas a Deus, para amenizar a sua atmosfera; os pensamentos devem ser dirigidos somente ao que é bom e agradável; em vez de vingança, perdão; de desespero, esperança. Na dificuldade, paciência, persistência e trabalho, para que isso não volte a suceder, como diz sempre o Raboni. Sabem ler?
– Sim – responderam simultaneamente.
Thaisis pegou um rolo de pergaminho dos que tinha preparado para distribuir e disse:
– Aqui estão alguns ensinamentos do Redentor sobre o perdão. Agora fiquem em paz.
Ia saindo, mas Batya perguntou onde poderia encontrá-la, caso precisasse dela. Estava ainda temerosa e se sentindo insegura.
– Eu cheguei há pouco, mas ainda não posso precisar quem, entre os novos amigos que constituí aqui em Cafarnaum, me acolherá. Mas pode ficar tranquila, porque nada desagradável ocorrerá, desde que sigam os ensinamentos de Jesus.
– Se for do seu agrado nos colocar entre os seus amigos... Embora a simplicidade da nossa casa, fique conosco, pelo menos até amanhã.
Thaisis aceitou a hospitalidade. Boaz, depois de se banhar e

trocar de roupa, pois estava exalando odor desagradável, mais refeito, tirou a bagagem do camelo, deu-lhe água e comida.

Depois de uma breve e simples refeição, Batya perguntou:
— Você conheceu de perto o Salvador? Conversou com ele?

Thaisis respondeu à pergunta falando quem era Jesus e o que estava fazendo na Terra. Que o havia conhecido e que o estava seguindo. A conversa sobre Jesus só foi encerrada na hora de dormir. Antes, porém, Thaisis quis ir lá fora, para olhar a lua que estava cheia. Mas logo que passou pela porta percebeu, pela vidência, os mesmos espíritos rodeando a casa e disse, dirigindo-se ao casal:

— Eu vou fazer minhas orações a Deus. Se me virem falando, já sabem o motivo – disse isso, porque intencionava dialogar com os desencarnados, na tentativa de livrar Boaz do assédio.

Os espíritos imaginando que ela não podia vê-los, entreolharam-se e um deles disse:

— Se ela não botar fogo pelas mãos de novo, a gente pega ela e mostra como é bom se intrometer na vida alheia.

— Eu estou vendo e ouvindo o que vocês estão falando e digo-lhes que mais forte que a maldade, é o amor. E por isso mesmo, chega um momento em que a vida pede-nos mudança. E este momento acaba de chegar para vocês, embora ainda sintam prazer em maltratar os que consideram inimigos. Este prazer, por ser originado da vingança, em vez de bem-estar e alegria, acaba levando-os logo em seguida à amargura e à tristeza, como os vejo neste instante. Meus irmãos, o que acham de experimentar um modo de viver mais digno, já que não há nada mais desagradável do que se sentir desonrado e detestado.

— Vamos embora! – gritou um deles e prosseguiu falando: – se a gente prestar atenção ao que ela está dizendo, nós vamos acabar desistindo!

Thaisis se aproximou e disse-lhes:

– O melhor que pode acontecer com vocês é realmente desistir de fazer justiça com as próprias mãos. Quanto a mim, não tenham receio. Sou sua irmã, já que todos somos filhos de Deus.

Eles se aquietaram e ela então começou a falar o que já havia aprendido sobre o comportamento, o sofrimento proveniente do erro e no final, citou a alegria de quem pratica o bem e obedece as leis de Deus. Nesse ponto, ela viu o espírito que se identificara como Caridade se aproximando:

– Começou bem, filha!

– Oh, que satisfação a sua presença me traz! – exclamou ela, emocionada.

Ele sorriu e também exclamou:

– Prossiga! – em seguida, foi se aproximando dos espíritos, e usando dentre outros meios necessários, o ectoplasma doado inconscientemente pela esposa de Boaz, fez-se visível e falou amavelmente:

– Vamos, meus filhos! Está na hora de começar a agir com responsabilidade.

Segurando-os pelas mãos, ele começou a volitar e, em instantes, o foco iluminado desaparecia às vistas de Thaisis que, ali mesmo na areia, ajoelhou-se e fez uma significativa prece de gratidão a Deus. Estava dado o primeiro passo para o bom aproveitamento dos conhecimentos adquiridos nas lições luminosas de Jesus e da vidência, que ela ainda chamava de "visão ampliada". Logo que ela retornou à casa, Batya levou-a a um pequeno quarto da casa e disse:

– A cama não é muito confortável, mas dá para dormir.

Antes de se deitar, Thaisis pegou os pergaminhos que tinha recebido de presente, ávida para verificar o conteúdo. Todavia, a sua atenção foi desviada, por causa do volume e do peso incomum de um deles. Abriu-o e acabou assustada ao perceber que o conteúdo era dinheiro.

– Meu Deus! Para que eu quero todo este dinheiro?

Absalon, entendendo que ela precisava estar despreocupada com a sua própria sobrevivência, sem precisar procurar, onde chegasse, uma atividade qualquer, como vinha ocorrendo, decidiu ajudá-la. Entretanto, ali mesmo, ainda sob o efeito da surpresa, ela decidiu que prosseguiria do mesmo jeito, procurando trabalho onde chegasse e que o dinheiro e a joia que recebera de lembrança, seriam transformados em pão para os famintos e remédio para os doentes que encontrasse no percurso, até chegar a Jerusalém. No dia seguinte, logo pela manhã, a casinha humilde que a hospedou estava cercada de curiosos. Queriam saber quem era aquela forasteira e se Boaz havia sido realmente curado. Muitos deles estavam agitados e ávidos para saberem o que ela havia feito para acalmar Boaz, uma vez que, durante as crises ele se tornava muito violento. Mas foi o próprio Boaz quem saiu porta afora e saudou a todos, cordialmente:

– Que bons ventos lhe tragam paz e saúde! Que desejam em minha casa?

Aí então, começou uma série de perguntas:

– Você está curado ou fingindo? Ou você se fazia de louco somente para amedrontar a todos? E ela, quem é a milagrosa mulher que te curou?

Boaz silenciou e, entristecido, voltou para o interior da casa. Mas antes de fechar a porta, falou em bom tom:

– Se têm, hoje, alguma coisa melhor a fazer, do que tomar parte da vida alheia, sigam em frente, porque a vida pede trabalho, honestidade e decência! Com licença senhores! – falou já fechando a porta, mas os indesejáveis visitantes começaram a gritar ao mesmo tempo:

– Cadê a mulher milagrosa? Ela tem um demônio mais forte que manda nos outros! Pensa que nos engana?

Ouvindo lá de dentro a algazarra, Thaisis foi até a porta, abriu-a e disse:

— Paz convosco, senhores! Se não acreditam em Deus e nem no Raboni como o seu enviado, a ponto de acharem o demônio mais poderoso do que eles, acatem a sugestão do dono desta casa, pois, se não têm o que fazer, aqui não é um bom lugar para perda de tempo. Passem bem e procurem Deus no seu próprio íntimo! – falou com a mesma tranquilidade que ali havia chegado. Intimidados, saíram cabisbaixos, comentando o ocorrido entre si. Entretanto, ao se afastarem da área da casa, um deles disse cheio de ódio:

— É demais isso! Como pode uma mulher, ainda mais forasteira, tapar-nos a boca e todos sairmos de cabeça baixa?! Eu não vou engolir esse desaforo! Ela vai se arrepender da hora em que pisou em Cafarnaum!

— É! Você não está errado. Foi muito desaforo. Eu estou com você! A gente pega ela – falou outro, demonstrando ódio.

Thaisis passou o dia todo ali na casa do casal, pois Boaz conhecia alguns daqueles homens e sabia que, odientos como se demonstraram antes de saírem, eram capazes de agredi-la, pois, eram eles acostumados a maltratar as suas companheiras a quem sequer respeitavam.

À noite, depois de se juntarem em preces a Deus, Thaisis foi para o quarto. Sentou-se na cama que ficava em frente a uma janela, a qual, naquele momento, estava aberta dando passagem aos raios prateados da lua. Ela então debruçou no parapeito da janela e ficou olhando para o alto, admirando as belezas da criação divina, quando viu um foco de luz que parecia estar vindo na sua direção, mas de repente, desviou e sumiu. Ela estava acostumada a olhar para o alto e ver focos de luz descendo como meteoros, conhecidos como estrelas cadentes, mas sabia se tratar, na maioria, de espíritos descendo à Terra, em atividades diversas, principalmente naquela época em que Jesus se encontrava entre nós. Minutos depois, a sua contemplação foi interrompida ao ouvir:

- Paz contigo!
- Oh, "Caridade"! Sua presença alegra o meu coração.
- Filha, acorda o dono da casa, pede para buscar o camelo, põe nele, rapidamente, a tua bagagem e deixa este lugar.

Vendo que Thaisis ficou impactada, explicou:
- Há duas pessoas vigiando-a, com más intenções. Por enquanto, caíram por terra, sonolentos. Quando acordarem, já não saberão do seu paradeiro.
- E se eles acordarem com o tropel do camelo?
- Não acordarão, pois o sono foi, propositadamente, provocado.

Receosa, já que à noite ela preferia, por questão de segurança estar alojada em algum lugar, comentou:
- Sozinha? Eu não tenho toda essa coragem.
- Há alguém a sua espera. Vamos!

Meia hora depois os donos da casa abraçavam-na tristonhos, pois gostariam que ela permanecesse com eles pelo menos mais um dia. Batya passava as mãos nos olhos, tentando enxugar insistentes lágrimas e falando ao mesmo tempo:
- Você é um anjo que Deus mandou para fazer o milagre de curar Boaz!
- Não, Batya, não sou anjo e nem houve qualquer milagre. Até Jesus, no ato de curar as pessoas, tem repetido várias vezes: *A tua fé te curou.* Não pensem que estou intencionada a me comparar ou imitar Jesus, já que, reconheço estar muito longe disso. O que fiz aprendi com ele mesmo. Entre mim e ele há uma enorme distância!

Thaisis subiu no camelo que, já refeito da longa viagem e bem alimentado, seguiu a passos largos, deixando para trás a casinha de Boaz e Batya, na harmonia desejada. O resto da noite ela passou na casa de uma família amiga, para onde o espírito Caridade guiou-a. No dia seguinte ela seguiu a estrada de Canaã, onde permaneceu quase um mês, visitando vilarejos e comunidades e, seguindo esta mesma programação, passou por Tiberíades, Nain, Jericó, até chegar a Jerusalém, dois anos e alguns meses depois que dali havia saído, deixando para trás rastros luminosos, pois conseguira abrir mentes e corações, tanto de espíritos reencarnados quanto de desencarnados, dando-nos uma prova inequívoca da existência da mediunidade, cujos registros do seu uso, perdem-se nos tempos.

Capítulo 10

Previsões afligentes

Onde escasseia a verdade, desabrocha o germe da desarmonia.
Dizzi Akibah

Thaisis dirigiu-se ao mesmo local onde vira Jesus pela segunda vez. Prendeu a rédea com que guiava o camelo, seu companheiro, que paciente e obediente conduziu-a por toda aquela longa viagem até chegar ali. A todo momento, ela acariciava amorosamente a cabeça do animal que se mostrava receptivo, pois bastava ver a mão dela suspensa na sua direção, baixava a cabeça e permanecia nessa posição recebendo os afagos carinhosos das mãos, por onde fluíam, não apenas simples carinho, mas sobretudo, as vibrações amorosas de um coração iluminado.

Depois da corda atada ao tronco da árvore, ela se sentou num banco rústico de pedra, recostou a cabeça na árvore e começou a se lembrar do dia em que Danti, mal-intencionado, foi à procura de Jesus, e que, ao vê-lo com a espada na mão, suas pernas tremeram de medo, nem tanto dele atingir Jesus, conforme Ruth já havia lhe falado sobre isso, mas das ameaças dele para com ela, o que havia abalado, na época, o seu mundo psíquico.

Ali, entretanto, a situação era outra, tanto que ela sorriu de si mesma, da sua insegurança e falta de fé. Afinal, naquele momento, ela já tinha o íntimo iluminado pela luz do amor e conhecimento adquirido nas lições e nos exemplos de Jesus. Assim, cheia de satisfação por ter superado as citadas dificuldades, passou a sussurrar:

> *Oh, grande Deus, vós que sois todo bondade, enviando um filho amado para nos ensinar a viver segundo a vossa vontade, ensinai-me a enxugar lágrimas, gerar esperança, desde aos doutos iludidos, aos pequeninos desiludidos; aos injustiçados, como também aos que praticam a injustiça. Põe, Senhor, na minha boca as palavras certas; nos meus olhos o olhar de compaixão; nas minhas mãos energia para que eu possa pôr em ação o amor, do mesmo jeito que o Raboni ensinou.*

Fez uma pequena pausa, inspirou e respirou o ar que perpassava esvoaçando os cachos dos seus cabelos encaracolados e prosseguiu a prece:

> *Que o meu sorriso seja alento para o triste; as minhas palavras, bom ânimo para os caídos e as minhas lágrimas jatos de esperança num mundo melhor, mais justo e menos sofrido.*

Ao pronunciar a última palavra da prece, ela sentiu, como nas outras vezes, que saía do corpo físico pelo fenômeno de desdobramento, deixando-o na mesma posição, embora a ele ligada pelos laços fluídicos. Depois da sensação de estar subindo muito

rápido, numa fração de tempo que ela não saberia calcular, percebeu que estava descendo. Ao tocar os pés no chão e constatar que o lugar era-lhe desconhecido, perguntou:
– Que faço aqui, ó Deus?!
Antes dela olhar em volta, como era a sua intenção, ouviu por trás:
– Paz contigo!
– Raboni! – exclamou, entre surpresa e venturosa.

Já que Jesus, que também se encontrava em espírito, ficou calado e olhando-a, ela disse:
– Diga-me o que queres que eu faça e eu farei, pois já pedi, há pouco, ao Pai da vida, para me fortalecer ante o cumprimento dos deveres que, de livre vontade, eu venha a assumir.

Jesus continuou em silêncio e olhando-a. Ela, por sua vez, também silenciou, pois, mesmo que quisesse falar não conseguiria, porque a contemplação do brilho radioso emanado dos olhos do Mestre, tocavam-na da altura do coração ao alto da cabeça, ampliando todos os seus sentidos e, como nas outras vezes, mesmo sem Jesus pronunciar qualquer palavra, ela passou a sentir a mesma sensação de antes, de estar ouvindo a sua voz doce e melodiosa:
– Logo, logo, já não me verás. A missão que me foi determinada pelo meu Pai, nosso Pai e Criador, está se findando.

Enquanto Jesus falava, ela via imagens, sem, contudo, perder qualquer palavra do que ouvia. E as explicações do Mestre prosseguiram:
– Mas não temas, Thaisis! Eu estarei sempre contigo na mente e no coração, pois o amor fez-se luz e a luz iluminou-te.

Dito isso, ele silenciou. Entretanto, começaram a surgir imagens que demonstravam uma síntese do histórico do trabalho redentor de Jesus, durante os últimos três anos. Eram tão nítidas e envolventes, que Thaisis tinha a impressão de se encontrar dentro do cenário que via. Mas, em instantes, a paisagem mudou e ela passou a ver Jesus carregando uma cruz e, em seguida, preso nela. Sem compreender o que estava vendo, ela dirigiu-lhe o olhar e ele então disse-lhe:

– Filha, este é o caminho pelo qual retornarei ao Pai, pois eu venci o mundo.

– Não! Oh, não!!!

Imprimiu toda a voz, soada do seu perispírito e acabou retornando ao corpo físico, que se encontrava sentado no banco e recostado no tronco da árvore, do mesmo jeito que ela o havia deixado momentos antes. Abriu os olhos e uma senhora idosa, que estava sentada do seu lado disse-lhe sem perda de tempo:

– Ainda bem que você acordou. Vi-a dormindo e vendo também o camelo, deduzi que você estava chegando de viagem e por estar muito cansada, acabou cochilando. Eu fiquei aqui, para não deixar ninguém fazer malvadeza com você.

Thaisis falou sorrindo e cheia de contentamento:

– Deveria compensá-la, mesmo que fosse com uma moeda. Mas já que não a tenho...

– Nem se preocupe – interrompeu a idosa e tratou de se explicar – eu não fiquei aqui junto de você por qualquer interesse. Fiz isso de coração! Sentimento bom não tem preço em moeda.

Ouvindo isso, Thaisis se levantou, segurou as mãos da idosa, fê-la também se levantar, abriu os braços e cheia de ternura, abraçou-a falando:

– Dou o que tenho, que é um pouco do amor que o Raboni despertou em meu coração.

– Oh, filha! Presente melhor não há para mim que, até há pouco tempo, vinha conduzindo a minha vida de um modo muito ruim, porque eu não tinha tolerância com ninguém. Paciência, nem pensar! Assim, passei a agir com rispidez e brutalidade, provocando com tal comportamento, muitas inimizades. Acabei sozinha, pois até os meus filhos e netos me abandonaram. Daí para frente, passei a alimentar revolta e ódio contra todas as pessoas. Contudo, certo dia ouvi alguém falando de um homem cheio de bondade e sabedoria, que estava abrindo olhos de cegos e pondo aleijados a caminhar. Não dei muita importância porque o que eu queria mesmo era ficar longe de gente, sem ver ninguém! Mas, há quase três anos, certo dia, vendo uma aglomeração de gente, apesar da minha decisão de ficar longe de todos, eu me senti atraída pela curiosidade e fui me aproximando, até quando passei a ouvir alguém falando e todos em silêncio escutando. Aproximei-me até ver de quem era aquela voz e ao direcionar o meu olhar, fiquei impressionada com o que via e ouvia. Com os olhos fixos nele, continuei ouvindo as suas palavras e parecia até que ele falava direto a mim, porque tocava justamente nos meus desajustes.

Fez uma pausa e em seguida prosseguiu narrando:

– Ao sair dali, eu estava cheia de arrependimento e muito triste comigo mesma, por causa do tratamento ruim que eu vinha dando às pessoas. Ao chegar à casa, eu já estava com os olhos cheios de lágrimas que, felizmente, já não eram de raiva como antes, mas de puro arrependimento. Chorei horas e assim, acabei dormindo. Quando eu acordei, já me sentia um pouco diferente, porque o meu coração estava mais leve. Resolvi sair um pouco de casa e a pessoa que encontrei primeiro naquele dia, foi uma vizinha a quem eu muito havia maltratado. Ela, então, tentou desviar, mas eu tomei-lhe imediatamente a frente e disse-lhe: "perdoe, pelo amor de Deus, tudo de ruim que fiz contra você!". Ela me perdoou e nós então, terminamos a inimizade com um forte abraço. Depois disso me falaram sobre uma senhora por nome Ruth, e eu fui procurá-la. A partir do dia em que eu a conheci, a minha vida tem mudado muito para melhor. Tanto que, se assim não fosse, eu nem me importaria de vê-la aí no banco sozinha e dormindo. Mas graças a Deus e a Jesus, o salvador, eu mudei.

Depois de ouvir a longa conversa da mulher que se chamava Chanah, contente por perceber que era mais uma entre centenas de pessoas que ao ouvir Jesus mudaram o modo de viver, Thaisis, impressionada pela coincidência dela estar sendo orientada por Ruth, disse-lhe:

– Continue colocando em prática os ensinamentos do Raboni e não deixe de visitar a casa de Ruth. Certamente nos veremos lá, porque a tenho como mãe pelo coração. Que Deus ilumine os seus caminhos.

Montou no camelo e seguiu para a casa de Ruth, antevendo a alegria do reencontro. Afinal, há dois anos e quatro meses estava longe de Jerusalém. O camelo caminhava lento, certamente cansado da longa jornada, o que Thaisis percebia e compreendia, deixando-o caminhar como ele próprio quisesse, pois já estava acostumada a aproveitar enquanto viajava, para pensar e meditar, quase sempre, sobre as lições luminosas de Jesus. Naquele momento, ela tinha forte motivo para isso, porque ainda estava impressionada com as imagens que tinha visto durante o desdobramento. Já próximo à casa de Ruth, ao dobrar uma esquina, ela viu por sobre o muro e, não longe dali, um monte. Puxou a rédea do camelo, forçando-o a parar, ficou olhando, olhando e lembrou-se que a imagem que havia visto de Jesus na cruz, se tratava de um local alto e falou para si mesma: "seria este monte? Não! Não pode ser! Oh Deus, retira da minha mente estas imagens, pois elas nada têm a ver com a verdade! O Raboni, Senhor, sendo seu mensageiro do amor e da verdade, jamais sofreria tanta humilhação. Sei e confio que o senhor mesmo, ó Deus, não permitiria tamanha injustiça, para um justo como é o Raboni".

Concluiu a expressão dos seus sentimentos, já em frente à casa de Ruth e, mesmo antes de descer do camelo, falou à toda voz:

– Mãe Ruth, cheguei!

A boa anciã, chegou à porta, pôs a mão sobre os olhos protegendo-os dos raios solares e sem conseguir ver direito, perguntou:

– Quem é?

Thaisis se aproximou de braços abertos para abraçá-la e falou cheia de contentamento:

– Chamo-a de mãe, porque é assim que a amo!

Ruth abraçou-a chorando de emoção. Afinal, o traço que às unia tinha o brilho real do amor:

– Oh, filha do meu coração! Conseguiu realizar o que idealizou?

– Sim. Fiz tudo que estava ao meu alcance e voltei, porque tenho uma importante tarefa a cumprir.

Ela se referia ao interesse de ajudar Danti, no sentido de mudar o jeito de viver.

– Bem oportuno o seu retorno, porque eu ouvi um mercador dizendo que viu o Raboni com os apóstolos, na estrada, caminhando na direção de Jerusalém.

– Ele disse quando o Raboni chegará aqui?

– Não, mas nem precisava perguntar pois, certamente, ele virá para a Páscoa. Os mercadores, a cada dia, estão chegando e ocupando os lugares que são permitidos para armar as suas tendas.

– Durante todo esse tempo que estive ausente, vi-o pessoalmente, somente uma vez, em Emaús. Quando eu chegava num lugar, ele já havia passado. E assim, conforme planejei, eu conversava com as pessoas sobre o que ele havia falado e o que elas haviam entendido. Era muito interessante, pois que cada uma delas dava o seu parecer sobre a mesma lição, provando a riqueza de interpretação que nos faculta o modo de esclarecer que o Raboni com a sua sabedoria, adotou. Juntando as citadas interpretações, eu fazia um resumo, deixando o assunto claro e bem fácil ao entendimento de todos. Escrevia nos pergaminhos e enviava através dos mercadores.

Fez uma pausa e em seguida, voltou a falar:

– Mãe Ruth, eu não tive qualquer tempo ocioso! Foi muito trabalho, porque além dos mais de oitocentos pequenos rolos de pergaminho, eu contatei com mais de duas mil pessoas, conversando e falando diretamente com elas. Dessa maneira, sobrava-me apenas a noite para dormir. Ainda assim, parte dela eu aproveitava o silêncio para meditar. É muito para mim, considerando que há quase três anos, quando deixei a minha casa, saí amedrontada, também magoada e triste como um pássaro ferido. Entretanto, considerando o que preciso ainda aprender e realizar, doravante, é muito pouco!

– Mas as suas realizações já lhe dão razões de sobra para se sentir contente!

– Sim! Mas desejo fazer muito mais. Entretanto, neste momento mãe Ruth, eu me encontro aflita por causa de umas imagens que vi, durante aquele mesmo fenômeno que me desloca de um lugar para outro....

Ela falou do encontro com Jesus, e das imagens que viu, o que lhe causara tão forte impressão e concluiu perguntando:

– O monte que vi, quando me dirigia para cá, fica perto daqui? Eu ainda não o havia notado!

– Melhor assim, Thaisis, porque aquele monte é onde sacrificam pessoas consideradas criminosas. Crucificam-nas e deixam lá penduradas na cruz até morrerem. É um lugar de suplício!

– Não, mãe Ruth, não pode ser verdade! Deus não permitirá!

– O que Deus não permitirá, minha filha?

– Que isso aconteça com o Raboni! Ele é cheio de pureza, bondade, verdade, sabedoria... É uma estrela brilhante que o Pai da vida nos enviou!

– Thaisis, enquanto vivemos no corpo físico, tudo que se relaciona as nossas ações, tem começo, meio e fim.

– O que a senhora quer me dizer?

– Não imagino o que poderá realmente ocorrer, porque enquanto o povo crê ser ele o salvador enviado por Deus, os grandes do Templo, além de demonstrações de incredulidade, não escondem a sua contrariedade, incomodados com a sabedoria e o poder que o Raboni demonstra ao realizar coisas que eles não são capazes! A inveja e a maledicência são instrumentos usados na prática da vingança. Contudo, não devemos nos arvorar com previsões, já que, o futuro a Deus pertence.

Depois de silenciar por instantes, Ruth se expressou no tom de quem, obediente, aceita sem reclamar os desígnios divinos:

– Se isso acontecer, minha filha, será, sim, com a permissão de Deus, pois quanto a nós, pouco sabemos. Entretanto, se raciocinarmos com cuidado, poderemos entender que se o Raboni foi enviado para cumprir uma missão e ela está chegando ao fim, que sentido teria a sua permanência aqui, até o envelhecimento do corpo físico? E além disso, como ficaria ausente por tanto tempo do seu reino de luz? Certamente ele já nos ofereceu os conhecimentos acessíveis a nossa capacidade de entendimento. Que prosseguiria fazendo ele aqui, se expondo às maldades dos homens depois de ter cumprido a sua missão?

As perguntas ficaram sem resposta. Entretanto, permaneceriam vivas na mente de Thaisis, até que os acontecimentos tomassem os rumos por ela mesma suspeitados.

Capítulo 11

Procurando Danti

Quem, de livre e espontânea vontade, opta pelo bem, jamais se deixa arrastar pelas mazelas humanas.
Dizzi Akibah

Procurando afastar da mente as imagens do monte, Thaisis puxou conversa com Ruth, que também ficara em silêncio e pensativa:

– O que a senhora acha das curas consideradas milagres pelo povo, já que ele mesmo após curar alguém diz: a *tua fé te curou*, conforme eu pude testemunhar em duas oportunidades? Uma delas me impressionou fortemente, pois a pessoa necessitada de cura era uma mulher, que se encontrava à longa distância do lugar onde nós estávamos e o seu marido, um mercador por nome Josafah, o mesmo que me ofereceu de presente o camelo, intencionava se encontrar com Jesus para pedir a cura. Todavia, antes dele fazer o pedido, o Raboni disse-lhe que não havia mais necessidade e justificou afirmando que a fé de Josafah já teria curado a esposa e que ele comprovaria ao retornar ao lar. Ora, se ele afirmou que teria sido a fé do mercador que procedera a cura, logicamente, não teria sido ele o Raboni, já que, conforme afirmou, não havia mais necessidade da sua intervenção.

– Quem sou filha, para responder pergunta de tal profundidade?

Depois de uma pequena pausa, ela fez a seguinte consideração:

– Entretanto, os seres espirituais que me visitam asseveram que na maioria dos casos, é ele, o Raboni, que estabelece as possibilidades. Todavia, se aquele que pede ajuda, não se encontrar nas devidas condições de recebê-la, o Raboni não lhe imporá uma cura real, sem o devido merecimento. Pode sim, por misericórdia, ajudá-lo, proporcionando-lhe um alívio, para que ele prossiga carregando o fardo até onde lhe seja necessário, pois a cura verdadeira depende do estado íntimo, do merecimento e da decisão de mudar o modo de viver, de quem pede. Por isso mesmo é que ele recomenda: *não peques mais, para que isso não lhe volte a suceder.*

Fez uma pausa e prosseguiu explicando:

– Todos são recebidos com amorosa atenção, mas nem todos estão prontos para receber o benefício que almejam, pois basta um olhar para o Raboni desvendar o que se passa no íntimo das criaturas. Voltando à sua pergunta, do início da nossa conversa, o fato do Raboni afirmar que teria sido a própria fé que curou o doente, seja diretamente ou indiretamente, conforme o exemplo do mercador Josafah, o próprio Raboni nos deixa convictas de que, curar uma pessoa não se trata de algo fora do natural. Entretanto, observando o caso do mercador... Será que ele contaria com a mesma fé se não se encontrasse ante Jesus? Pois se assim fosse, a mulher já teria sido curada por ele. Que eu saiba, até agora, todos a quem Jesus atribuiu a cura à fé, encontravam-se ante ele, e a mulher do mercador estava longe do local, conforme a sua afirmação. A presença do Raboni não desperta nas pessoas que o procuram somente fé, mas também muitas outras possibilidades íntimas que se encontravam adormecidas. Apesar disso, creio que se alguém já é capaz de despertar a fé por si mesmo, poderá fazer isso e muito mais, conforme ele mesmo afirmou. Isto é o que simplesmente podemos compreender de um assunto bastante profundo, que deve ser estudado com muita atenção e interesse.

– Mãe Ruth, isto é tão verdade, que desde quando fui banhada pelo brilho do olhar do Raboni, senti que todas as mazelas, o medo como o da morte pela espada de Danti, a insegurança, o desgosto que me acometia, foram amenizados. Agora então, sinto o íntimo suave e um bem-estar que me leva a sorrir, não por qualquer motivação fora de mim, mas que me vem como o desabrochar da flor, que só ocorre por causa das possibilidades favoráveis do seio da Terra. A alegria que sinto é mesmo assim, já que parte da fecundidade do meu íntimo que foi despertado pela doce magia do brilho do olhar do Raboni, que nada mais é do que a expressão do seu amor, o que considero acima das nossas pobres cogitações, por se tratar de algo divino. Se eu não o houvesse encontrado, será que seria a mesma coisa? Creio que não. Pode ser que no porvir, a depender do meu desenvolvimento, eu consiga. Mas por enquanto...

Fez uma pausa e a seguir prosseguiu conversando:

– Soube que o Raboni ressuscitou um homem por nome Lázaro. Os seres espirituais que se comunicam com a senhora disseram algo sobre isso? Estou, inclusive, disposta a procurar alguém da família dele, para saber como teria ocorrido.

– Sim. Eles me disseram, quando lhe fiz esta pergunta, que nós estamos ainda muito longe de conhecer as possibilidades da sabedoria e da grandeza do amor de Jesus, que pode muito realizar, mas com profunda observação às leis divinas. Assim, podemos compreender que, se o nascimento, vida e morte se encontram dentro das leis divinas, conforme a explicação dos seres espirituais, em nenhuma hipótese, Jesus desrespeitaria as leis de Deus, já que, do contrário, estaria contrapondo à própria afirmação: *eu não vim desrespeitar as leis*. Ora, se Lázaro já houvesse realmente passado pela morte, logicamente Jesus poderia sim ajudar, caso necessitasse, o ser espiritual que animava o corpo. Mas não o faria a restos mortais que, após três dias no sepulcro, já estariam no começo do processo de putrefação.

Fez uma pausa e a seguir voltou a falar:

– Não queremos afirmar, disseram-me eles, que o divino mensageiro de Deus, não tenha em si o conhecimento de todas as ciências, de tudo que imaginamos e do que sequer podemos imaginar, já que estamos longe, muito longe de conhecê-lo. Entretanto, entendemos que, justamente por ser ele de tal grandiosidade, jamais desrespeitaria as leis de Deus. Para simplificar o assunto, prosseguiram eles me explicando, no momento em que uma das irmãs de Lázaro falara se lamentando, que se o Raboni estivesse ali o irmão não teria morrido, o Mestre respondeu-lhe: *ele dorme*.

Ela parou de falar por instantes e em seguida perguntou, olhando para Thaisis:

– Você entendeu, filha?

– Sim. Todavia desejo me aprofundar um pouco mais no assunto. Depois da Páscoa, eu penso ir até Betânia, procurar Dinah e Dimah, para saber como estão vivendo e também se prosseguiram no propósito de seguir os ensinamentos do Raboni. Além disso, procurar alguém da família de Lázaro, para conversar um pouco sobre o assunto.

– Não o faça se o seu interesse for simples curiosidade. Mas quanto as suas amigas, elas não viajaram de espontânea vontade como você? – perguntou interessada.

– Sim, mas desistiram logo que chegamos a Emaús. Mas nem por isso, viajei o tempo todo sozinha, pois em cada lugar que eu passava, encontrava sempre alguém de boa vontade, que me acompanhava até a minha próxima parada.

– É, filha! Quem recolhe o bem e compartilha-o com os outros, nunca está só.

ÀQUELA ALTURA, EM Jerusalém, o movimento que antecedia a Páscoa, a cada dia aumentava. Eram visitantes que chegavam de toda parte, tornando as ruas e praças mais movimentadas. Diariamente novos mercadores, vindos de toda parte, chegavam com os camelos carregados de mercadoria. Via-se o colorido das tendas e ouvia-se o burburinho dos mercadores gritando ao seu modo, na tentativa de atrair compradores. Nesse clima de reboliço, Thaisis, que não desistiu da ideia de procurar Danti, retirou o véu que usava na cabeça, hábito das mulheres judias que ela havia adotado, e descobriu o rosto. Se fosse vista assim por Danti, mesmo de longe, certamente a reconheceria. Ela sabia disso, entretanto, já não sentia o pavor de antes, porquanto o amor que cultivara pela criatura humana, a confiança em si mesma e a fé estável em Deus, eram sua fortaleza íntima.

Depois de caminhar um pouco pelo centro da cidade, arriscou se aproximar da casa que fora outrora o seu lar, seguindo por uma rua, que não era a mesma que Danti costumava passar. Aproximou-se, dobrou a esquina de onde podia ver a casa sem, todavia, ser vista. Todo esse cuidado se dava por conta de um recurso psicológico que havia idealizado: achava que se ele a visse antes dela, ficaria convicto de que teria alcançado êxito na sua procura, por imaginar que ela ainda estaria fugindo dele por causa de Jesus e então, não poderia imaginar qual seria a reação dele. Mas sendo ela a vê-lo primeiro, logicamente já seria uma prova de que ela estaria à sua procura. Tinha, portanto, convicção de que o modo e o tom com que pronunciaria o nome dele ao chamá-lo, desarmá-lo-ia intimamente, uma vez que o amor que sentia àquela altura, não era simplesmente como antes, mas sim, abrangente a todos... universal.

Assim, dirigiu o olhar na direção da casa e embora vendo-a fechada, sentiu o coração agitar-se, acelerando as pulsações. Ali mesmo em pé, na esquina, ela passou a se lembrar desde o momento em que o havia conhecido, até quando ele decidiu se alistar no exército, pois durante aqueles anos, sentira-se ditosa ao seu lado e, por isso, seria capaz de voltar a sua companhia, caso ele renunciasse à corporação. Faria isso mesmo se tratando de uma convivência sacrificial, pois o seu objetivo em relação a ele era ajudá-lo a dar um novo rumo à vida. Dali, ela seguiu em direção da casa de Joella, a amiga que havia guardado a sua pequena bagagem quando planejara a fuga, conforme já narrado. Lá chegando, deu alguns toques na porta e ouviu a voz da amiga, que perguntou lá de dentro da casa:

– Quem é?

– Joella, se não imagina quem é, venha ver quem sou!

Joella abriu a porta e vendo a querida amiga, bradou a toda voz:

– Thaisis, oh, grande Deus! Quanto tempo e quanta saudade! Por onde os seus pés te conduziam por todo esse tempo!? Encontrava-se em Roma, conforme planejou?

– Não, Joella. Eu estava e continuo, desde que daqui saí, seguindo o Raboni. Sabe a quem me refiro?

– Sim, é o enviado de Deus, que veio apontar o caminho que todos devemos seguir.
– Logo que o encontrei pela primeira vez...
Thaisis narrou com detalhes tudo que havia ocorrido durante a sua longa viagem naqueles quase três anos e quando intencionou comentar sobre a sua procura por Danti, Joella, interrompeu-a:
– Então, a mulher que seguia pelas estradas, ensinando e despertando o povo para uma vida melhor é você, Thaisis? Dizem que fez até curas!
– Como você soube disso?
– O que os mercadores, que passam em tantos lugares, não sabem?
– Sim, Joella, sou eu mesma. Entretanto, não há nada que justifique admiração, pois além de não ter procedido a cura real de algum enfermo, o que aprendi, até agora, veio do Raboni. E ele mesmo, muitas vezes, tem atribuído a cura a uma ação da fé movida pelo próprio enfermo. Quem sou para praticar algo miraculoso? Mas, mudando de assunto, você tem visto Danti?
– Logo depois que você saiu daqui, sim. Contudo, venho notando que a casa está fechada há muito tempo, sem qualquer movimento que justifique a presença de alguém.
Joella sentiu vontade de saber se Thaisis desejava voltar para ele. Todavia, a discrição fê-la entender que a condição de amiga, não lhe dava o direito de saber algo de foro íntimo das pessoas. Assim, sem entrar em detalhes sobre o assunto, Thaisis se despediu da amiga e seguiu a passos lentos, ponderando, com a finalidade de encontrar uma saída para o que tanto desejava. Mas isso não demorou, já que logo lhe veio a ideia de ir ao comando do exército, para ela, a fonte de informação para o que pretendia:
– Desejo falar com o comandante da corporação.
– Vem em nome de alguém?

– De mim mesma.

O soldado, postado em sentinela, respondeu:

– Dê-me apenas o seu nome, pois, pelo fato de se tratar de uma mulher, dispensa-se qualquer outro tipo de referência.

Momentos depois, já de volta, ele disse:

– Acompanhe aquele soldado – falou apontando para o companheiro de farda.

Ante o comandante, Thaisis discorreu sem muitos detalhes o assunto, para o qual, ali se encontrava.

Ouvindo-a sem muito interesse, o comandante, com ar de desdém, perguntou abruptamente e sem qualquer discrição:

– Ah! Então é você a fugitiva?!

– Sim! De uma situação considerada de vida ou morte! Não apenas do corpo físico, mas, sobretudo, dos sentimentos. Antes que perecesse o que restava dos meus mais belos sentimentos, alusivos a ele, o que já estava para acontecer, preferi mudar o rumo. E se assim não fosse, não o estaria procurando.

O comandante, embora acostumado a conviver com a falta do bom caráter, mentiras e falsidades de bajuladores, qualidades morais negativas, ao notar a firmeza com que ela se expressava, refreou os ânimos atribulados e, num tom ameno, voltou a falar:

– É crível. Entretanto, permita-me dizer que, segundo uma informação a mim prestada, o motivo teria sido uma irresistível fascinação da sua parte para com um forasteiro, que muitos creem se tratar de um salvador enviado por um Deus, para eles, único e poderoso e que, por isso mesmo, anda de cidade em cidade arrastando uma grande multidão que o segue, onde quer que vá.

Fez uma pausa e, a seguir, se expressou desdenhoso:

– Mero engano se o seu pensamento for salvar o povo daqui das determinações do maior império do mundo, pois a qualquer intenção de levante, o exército estará pronto para defender os interesses do divino imperador! Mas, diga-me com sinceridade:

foi ou não fascínio que a fez abandonar o seu marido e, consequentemente, o seu lar?

– Comandante, não ignoro o posto que o senhor, hierarquicamente ocupa, que é um dos mais altos da corporação. Entretanto, se eu já expus com sinceridade os reais motivos que me levaram a tomar tal decisão, pergunto: estou sendo inquirida pelo senhor?

– Oh, não! É apenas curiosidade e não é forçada a responder, se não desejar!

– Mas eu prefiro dizer que sim. Todavia, o meu fascínio é pela verdade que o Raboni prega, pela paz que expressa e pelo amor que exemplifica, o que nos leva a crer que a ausência deste sentimento torna a mente oca e o coração árido. Assim, acaba sendo preenchido pela ilusão, pela prepotência que gera o poder desenfreado, pela força bruta, pelo orgulho de raça, pelo ódio e consequente sentimento de vingança, cujo resultado é sempre a decepção, a amargura, o remorso e o arrependimento tardio.

O comandante pôs os cotovelos sobre a mesa, as mãos no rosto, contemplando o semblante de Thaisis, enquanto ouvia-a, até que ela, cuidadosa para não se exceder, parou de falar. Afinal, estava diante de um comandante, representante superior do exército destacado em Jerusalém. Onde teria encontrado coragem para respondê-lo num tom, aparentemente, desafiador?

O comandante voltou a falar, ainda mantendo a mesma postura de antes:

– Embora a aparente audácia expressa no tom com que a mim você acaba de se dirigir, aconselho a esquecer esse dito profeta, pois é possível que lhe ocorra o mesmo mal de que Danti foi acometido. Soube que bastou um simples olhar do dito salvador na sua direção, e ele, que era um dos melhores guerreiros da corporação, acabou desmotivado a ponto de não querer mais usar as armas. Assim, não podendo aceitá-lo nessas condições... retiramo-lo daqui. Como eu manteria sob o meu comando, um

soldado que estava se tornando avesso às armas? É o que ocorre com quem se deixa influenciar por aventureiros, confundidos com profetas ou salvadores. Salvar o que ou a quem?
Thaisis, depois de pedir licença, ficou de pé e disse:
— Agradeço pela informação que me motiva ainda mais a procurá-lo.
— Acho que o seu arrependimento veio demasiadamente tarde. Para que lhe serve um homem dementado e mofino?
— O ser humano, senhor comandante, não deve ser identificado somente pela suposta coragem de atacar e matar. Mas, sobretudo, pela capacidade de renunciar, amar e perdoar, porquanto a real vitória é toda aquela que provém do amor em ação — repetiu o que havia ouvido de Jesus e concluiu — e o verdadeiro herói é aquele que vence a si mesmo.
Falou já se dirigindo à porta de saída. Lá fora, ouviu alguém chamá-la pelo nome e perguntou:
— Que deseja, soldado?
— Penso que você é a mulher de Danti. Quero apenas que saiba: eu tentei muito ajudá-lo, mas foi em vão. E, em nome da amizade que me liga a ele, desejo deixá-la ciente de que me encontro à sua inteira disposição, a qualquer hora do dia ou da noite.
Percebendo a clara insinuação, ela então respondeu-lhe:
— Grata sou, pela sua aparente gentileza. Todavia, a minha atual situação não requer ajuda de pessoas desconhecidas, cujo interesse não condiz ao momento e nem à situação. Passe bem!
Era aquele mesmo que usara de falsidade para com Danti. Ela seguiu em frente e ele comentou:
— Ficou louca igual a ele! Quem manda correr atrás do encantador de mulheres? (alusão equivocada a Jesus).

Capítulo 12

NO ÁPICE DA JORNADA

A verdade direciona o viajor. Mas somente o amor clareia os caminhos.
Dizzi Akibah

MESMO IMAGINANDO QUE Danti estaria numa situação vexatória, Thaisis ficou alegre por entender, segundo o que ouviu do comandante, que Danti teria sido afastado do exército, o que ela tanto havia desejado. Assim, continuou caminhando e falando a si mesma:

"Ele não mais usará armas para tentar contra a vida! Não deixa de ser algo alentador, pois, segundo o que ouvi, ele sentiu um grande impacto diante do Raboni."

Decidida a procurar Danti até encontrá-lo, Thaisis ocupou o resto daquele dia e tantos outros subsequentes. Assim, seguiu caminhando e por onde passava, olhava em todas as direções.

Em Betânia, as irmãs Dinah e Dimah cientes de que o Mestre estaria durante a Páscoa, em Jerusalém, para lá se dirigiram com duplo objetivo: ver e ouvir Jesus e procurar Thaisis, pois imaginavam que certamente ela já teria retornado. Assim, enquanto ela, Thaisis, prosseguia procurando Danti, elas procuravam-na, interessadas em novos conhecimentos. Mas nem elas e nem Thaisis, logravam o objetivo da procura. Afinal, o centro da cidade e as ruas adjacentes se encontravam lotadas, o que dificultava a procura. Depois de três dias de caminhada sem êxito, Thaisis resolveu parar, porque já se sentia cansada. Mas logo que foram iniciadas as comemorações da Páscoa, ela voltou ao centro da cidade, na expectativa da chegada de Jesus. Naquele mesmo dia, o doce Rabi da Galileia, chegou a Jerusalém acompanhado de uma grande multidão, que o ovacionava clamando Hosana (termo hebraico que significa "Salva-nos, te imploramos").

Thaisis, vibrante de alegria, foi até o local onde havia deixado o camelo, montou e foi buscar Ruth, já que ela desejava ver novamente, mesmo que fosse de longe, o mensageiro de Deus. Entretanto, ao se aproximarem do Templo onde Jesus havia entrado e saberem que ele já não se encontrava ali, retornaram à casa, na expectativa de voltarem no dia seguinte, ou qualquer outro, enquanto durasse a Páscoa. Entretanto, quando elas estavam prontas para sair, na expectativa de ver mais uma vez Jesus, chegou Ester, novamente esbaforida, tentando falar, mas sem conseguir:

– Ester, minha filha – sugeriu Ruth – acalme-se e diga-nos o que aconteceu!

Instantes depois, ainda ofegante, a mulher falou:

– Prenderam o Raboni!

Sentindo o coração acelerando as pulsações, Thaisis olhou para Ruth, que também estava estática, e disse:
– Não! Isso não pode acontecer, porque Deus não consente tamanha injustiça!
– Onde você ouviu falar isso, Ester? – perguntou Ruth, não menos chocada.
– Foi lá mesmo, no pátio do Templo. É o assunto que está, hoje, na boca do povo!
– Alguém disse o porquê dele ter sido preso?
– Ouvi apenas dizer que um tal de Judas traiu e o denunciou.
– Ester, isso deve ser um boato de mau gosto, porque Judas é um dos apóstolos do Raboni! Não posso crer que, ele, depois de tudo que deve ter aprendido... E os exemplos do Raboni? Não! Isso deve ser um boato de mau gosto, criado certamente pelo despeito e pela inveja dos que não podendo alcançá-lo, tentam rebaixá-lo!
– Thaisis, minha filha, não deixemos que o desequilíbrio emocional nos faça distorcer os fatos! Se não temos certeza, melhor mesmo é esperar a verdade, pois ela é quem sempre triunfa! Esperemos com paciência e evitemos qualquer tipo de julgamento. Mas, já que a inquietude não lhe deixa esperar, se for da sua vontade, vá filha, em busca da verdade dos fatos!
Embora os conhecimentos que já havia adquirido até ali, Thaisis percebeu, com a observação de Ruth sobre o prejulgamento, que mesmo estando, teoricamente, a par da lição de Jesus *"não julgueis para não serdes julgados"*, falhara na prática. Afinal, somente praticando é que se assimila com profundidade um novo conhecimento.
– Sou muito grata pela observação e, doravante, tomarei cuidado para não reincidir. Mas, voltando ao assunto, a senhora quer ir comigo?
– Gostaria muito, mas estou me sentindo cansada e a forte emoção acabou retirando a minha disposição.

Depois de pedir a Ester para fazer companhia a Ruth até o seu retorno, Thaisis seguiu rumo ao centro da cidade. Lá chegando, foi direto ao Templo, onde pensava encontrar informações verdadeiras, pois continuava ainda achando, se tratar de boato. Mas quando entrava no pátio, ela desviou de dois príncipes de sacerdotes que vinham na sua direção e passaram por ela, falando:
– Finalmente ele será julgado por blasfêmia. Como se afirmar enviado de Deus? A lei deve ser cumprida, custe o que custar!
Ouvindo isso, Thaisis caiu na realidade e, já com as lágrimas rolando rosto abaixo, ali mesmo, ajoelhou-se e sussurrando, dirigiu-se assim, a Deus:

> Grande Deus, nosso Pai e Pai de todos os seres, perdoa a minha obscuridade e ouve, por misericórdia, a sinceridade que parte do meu coração cheio de tristeza e da minha ignorância, que me impede compreender o que está acontecendo com o Raboni, o teu divino mensageiro. Permita-me, Senhor, expressar a minha descrença, que ele continue sendo uma vítima nas mãos que agem na obscuridade da ignorância, pois sei e confio, que não o mandaria nascer no mundo para sofrer o que não merece! Entendo a tua justiça e confio no teu sagrado amor.

Depois da prece, mais refeita, ela se levantou e em vez de retornar à casa, ficou caminhando entre as pessoas, na esperança de encontrar alguém que, como ela mesma, acreditasse na inocência de Jesus. Enquanto caminhava perguntava-se:
– Onde se encontram todos aqueles que o acompanhavam? Será que se encolheram com medo? Jamais eu faria isso, porque a lealdade proveniente do amor que sinto por ele, jamais me permitiria!
Decidida, voltou ao Templo. Vendo um funcionário do Siné-

drio (suprema corte de Jerusalém) que atendia pela denominação de esbirro, perguntou:
– Como posso chegar até um dos juízes do Sinédrio?
– Você, por acaso, é uma autoridade ou filha de alguém de importante representatividade?
– Nem uma coisa e nem outra. Sou uma cidadã romana e preciso urgentemente conversar com um juiz, para me oferecer como testemunha de um justo que foi preso, e provavelmente, será julgado.
– Oh, como você é inocente! Sei a quem você se refere. Jamais eu lhe daria a oportunidade de estar com um juiz para o que pretende. Pois, sequer imagino o que lhe ocorreria. No mínimo, logo depois, seria açoitada pela multidão que muda de momento a momento, a depender dos fatos. Se deixa influenciar facilmente, sem prestar atenção em como as coisas ocorrem. Que eu saiba, apenas você, até este momento, aqui veio com intenção de defendê-lo. Pergunto: que é da multidão que o glorificava? Vá, jovem, para sua casa, pois as coisas são muito mais sérias do que você e muitos podem imaginar.

Thaisis saiu do Templo novamente chorando. Assim, triste e desconsolada, retornou à casa. Num simples olhar, Ruth, a boa velhinha, como era tratada por muitos, foi logo falando:
– Filha, nem preciso perguntar, porque já li em sua fisionomia.
– Sim, mãe Ruth. Mas eu continuo acreditando que Deus não vai permitir tamanha injustiça! Talvez Ele esteja aguardando o melhor momento e, então, a vitória do bem contra o mal será bem mais expressiva! Antevendo com muita fé e confiança, aguardo a alegria da vitória final do Raboni e de todos nós!

Nessa expectativa ela viu Jesus sendo conduzido ao Pretório para ser julgado. Vibrou de alegria ouvindo a declaração de Pilatos de que não havia encontrado crime algum em Jesus que justificasse a condenação. Entretanto, ao experimentar

o impacto causado com a escolha do povo pela libertação de Barrabás e a imediata condenação de Jesus, que foi entregue às mentes inconscientes e enfurecidas, para crucificá-lo, ela gritou a toda voz:
– Não matem um inocente! Esse ato injusto e repudiante manchará, por séculos, a história de Jerusalém, de Roma e de cada um de vocês!
Mas quem a ouviria, se era apenas uma voz em defesa da razão e da verdade, numa multidão de mentes ainda obscuras? Com as pernas trêmulas, ajoelhou-se ali mesmo no chão, chorando inconsoladamente. Mas as lágrimas que rolavam pelo seu rosto não eram de revolta e nem de inconformação. Eram jatos de amor, externados do seu íntimo iluminado. Logo que a multidão, inquieta, foi se dissipando, ela tentou se levantar, mas as pernas ainda trêmulas, não contavam com firmeza. Sentou-se ali mesmo no chão, fechou os olhos e balbuciou:
– *Poderoso Deus, seja feita a vossa vontade!*
Dito isso, percebeu como nas outras vezes, que a sua visão se ampliava e viu a imagem do rosto de Jesus, os olhos como duas estrelas e o brilho do olhar pareciam tocar em seu coração como um bálsamo reconfortante. E, em seguida, passou a ecoar no seu campo mental, a voz inconfundível do Mestre:
– Filha, não chore por mim, pois eu venci o mundo. Volto ao Pai, mas estarei contigo e com todos, até o fim dos tempos.
Sentindo que alguém havia tocado delicadamente na sua cabeça, abriu os olhos e viu duas mãos estendidas na sua direção e, em seguida, uma voz num tom paternal:
– Ora, não desanime! Se Deus permitiu é porque assim deveria ser. Há uma finalidade longe da nossa imaginação!
Ouvindo isso, ela segurou as mãos que continuavam estendidas, levantou-se e, ao perceber de quem provinha aquele gesto fraterno, sentiu uma doce emoção:

– Oh, o senhor aqui?!

Era Josafah, o mercador que havia lhe presenteado o camelo. Ele respondeu-lhe apenas com um sorriso e ela, então, prosseguiu se expressando:

– Oh, que bom encontrá-lo neste momento tão difícil de ser encarado! – exclamou ela, passando as mãos no rosto, tentando enxugar as lágrimas.

– Penso que a nossa compreensão não alcançaria, por muito acurada que fosse, a verdade do que ocorre e o porquê de ser assim. Mas se não alcançamos, sigamos sensatos, deixando nas mãos do divino senhor, Deus, o Criador.

– Sim. O senhor está certo e eu sou grata pelo seu apoio.

– Aprendi, filha, que viver é ser útil. Sem isso a vida perde, pelo menos em parte, o seu sentido.

Depois de conversarem mais um pouco sobre o mesmo assunto, se despediram. Ele voltou a sua tenda, onde expunha as mercadorias para venda. Ela, por sua vez, tomou a direção do Calvário e lá chegando, se juntou a um grupo composto por mulheres tristes e chorosas, que aguardavam a chegada de Jesus, o que ocorreu algum tempo depois.

Ao vê-lo com a coroa de espinhos sobre a cabeça e fios de sangue escorrendo pelo rosto, Thaisis sentiu um forte ímpeto de retirá-la. Ia fazê-lo, contudo, ao ouvir Jesus recomendá-las a não chorarem por ele, conforme descrito no Evangelho, amainou o ânimo para evitar que o ímpeto que sentia não se transformasse em revolta, pois não desejava àquela altura dos acontecimentos, perder a fé e nem a esperança de que algo pudesse ainda ocorrer, vindo diretamente de uma ação divina, pois Jesus, embora ferido, ainda estava vivo! Não seria aquele momento o da vitória, conforme o seu pensamento? Em vez de reagir pelo impulso e sem vigilância, ela preferiu esperar.

Era sim, o momento culminante da vitória, mas não do jeito

que ela imaginava. Pois, se houvesse prestado um pouco mais de atenção, teria compreendido isso, quando Jesus lhe disse que havia vencido o mundo. Mas não demorou para ela compreender, pois, recuando um pouco as recordações, lembrou-se de quando ele lhe disse, que aquele seria o caminho que o levaria de volta ao Pai. Comprovando isso, viu no mesmo instante, a cruz sendo erguida e nela, Jesus crucificado. Sentindo uma profunda dor íntima, ao fechar os olhos, por lhe faltar coragem de prosseguir vendo tamanho sofrimento, passou imediatamente a se sentir interiormente leve e notou que a sua visão novamente se ampliava. Deslumbrada, passou a ver como se o céu se abrisse e uma chuva de luzes tomasse a direção do monte e para ampliar ainda mais o seu deslumbramento, ela passou a ouvir pela mediunidade auditiva, uma peça musical, cuja sonoridade causava-lhe inenarrável bem-estar. Ela se encontrava sentada no chão e recostada numa pedra, um pouco recuada do local onde a cruz havia sido erguida. Instantes depois, passou a ver muitos daqueles focos de luzes multicores tomarem a forma humana e se aproximarem de Jesus. Enquanto que, outros tantos, permaneciam em ciclo em volta da cruz.

A lembrança do espetáculo singular permanece, ainda, na sua mente, como a mais bela e significativa lembrança de todas as existências físicas que a sua mente lhe permite relembrar, conforme a sua própria expressão, na esfera espiritual, onde se encontra atualmente.

Voltemos à narração:

Depois disso, as imagens foram desaparecendo da sua visão perispiritual e ela voltou ao ambiente onde se encontrava, dirigiu o olhar novamente para Jesus e, ao ver Maria, mãe do Mestre, aos pés da cruz, sentiu vontade de dizer-lhe algumas palavras que lhe servissem de alento. Mas antes de pôr em prática o seu desejo, perguntou-se:

– Quem sou ou o que sei para tentar acalentar o coração de alguém que se encontra tão acima de mim?

Ainda, assim, se aproximou e disse, ante a santíssima mãe:

– Senhora, deixe-me depositar, com um beijo em suas santas mãos, todo o amor que devoto ao seu filho amado, pelo muito que dele recebi.

Maria de Nazaré, como ainda agora a ela nos referimos, estendeu as mãos e Thaisis, depois de beijá-las, disse ainda:

– Senhora, a dor é intensa! Mas um amor é imenso!

Dito isso, saiu do local e passando próximo aos soldados que conduziram a crucificação, desviou o olhar, não por ter sentido qualquer tipo de aversão, mas sobretudo, por imaginar que doravante, eles não teriam paz até que a consciência os chamasse à retificação de si mesmos pelo mecanismo da dor. Abatida e desanimada, chegou à casa de Ruth. As duas servidoras leais de Jesus abraçaram-se, enlaçando não apenas os braços, mas as vibrações amorosas, porquanto ambas buscavam a mútua consolação. Em seguida, Thaisis tocou no assunto que não saía da sua mente:

– Mãe Ruth, de que maneira podemos compreender a razão pela qual o Raboni, na condição de um enviado de Deus, devesse passar por uma morte tão impiedosa e sofrida?

– Mesmo que eu tentasse, não conseguiria uma resposta lógica, pois não me encontro, também, em condições de assimilar e compreender dentro da razão. O melhor, para este momento, é orarmos em gratidão por tudo que ele ensinou e exemplificou.

Depois de instantes de silêncio, Ruth, que já sentia, por causa da idade avançada e da fragilidade do seu organismo, dificuldade para falar, começou a prece, assim mesmo, com a voz fraquinha, mas cheia de vibrações amorosas:

Deus, Pai e Criador de todas as coisas, perdoa a nossa ignorância, por causa dos questionamentos que fazemos sobre o gênero de morte do Raboni, teu filho amado. Pois não entendemos ó Pai, a razão pela qual ele foi entregue sem qualquer defesa, a corações áridos e ressequidos pelas ilusões do mundo, para fazerem dele o que imaginassem, conforme aconteceu. Pensamos apenas que, se foi assim, é porque assim é que seria melhor para a finalidade, a qual, só tu mesmo Senhor, sabe. Entretanto, já que a nossa ignorância não nos permite compreender, consola-nos, Senhor, e recebe a nossa gratidão, extensiva ao Raboni pela riqueza de conhecimento e exemplos que deixa, não somente para nós, mas para todas as gerações, até o final dos tempos, já que ele mesmo afirmou que, até lá, estaria conosco.

Ruth terminou a prece, mas prosseguiu de olhos fechados. Thaisis, entretanto, abriu os olhos e ficou na expectativa do que poderia ocorrer naquele momento cheio de emoção. De repente, a anciã, que havia completado noventa e três anos de idade, imprimiu nas feições uma aparência que, embora sutil, dava para notar que se tratava do efeito de um fenômeno que Thaisis já havia presenciado e, embora já houvesse ocorrido com ela mesma, compreendia a finalidade, mas não saberia definir, se tentasse. Mas agora, é de bom proveito lembrar que o citado fenômeno é o mesmo que hoje conhecemos como mediunidade.

Instantes depois ela começou a falar e Thaisis, atenta, para não perder sequer uma palavra do que iria ouvir:

– A dúvida afasta a crença, até mesmo daquilo que se vê. Ora, não se descobre a verdade, sem um raciocínio lógico! Pergunto: que faria Jesus, depois de ter cumprido a missão para a qual nasceu entre nós? Como ficaria o seu reino de luz até o seu retorno, se ele se demorasse aqui até o envelhecimento do corpo físico?

Fez uma pequena pausa, dando ensejo ao raciocínio de Thaisis e voltou a explicar:

– O gênero de morte não o abateria, pois a sua grandeza não permitiria qualquer temor diante da morte ou de qualquer outra situação, por séria que fosse, pois já havia há muito superado. Não o olhemos na cruz – continuou esclarecendo – como um pobre coitado, pois o seu heroísmo ultrapassa qualquer cogitação da nossa parte, uma vez que ele mesmo afirmou, *eu venci o mundo!* Tanto é verdade, que o impacto causado nas mentes e nos corações, servirá para que ele e os seus ensinamentos não sejam esquecidos. E não o serão, jamais! Ele é tão grande, que nem os séculos vindouros revelarão, já que somos ainda, como a criança que, tentando se locomover, cai e levanta, cai de novo... É proveitoso que tomemos para nós o exemplo, pois, apesar das quedas, não se deve permanecer no chão por medo de cair de novo.

Fez mais uma pausa e concluiu:

– Já será muito para quem conseguir pôr em prática os seus ensinamentos. Detalhes outros, oriundos da curiosidade, não engrandecem, não elevam, não purificam e nem iluminam! Que Deus as abençoe.

Ruth abriu os olhos, olhou para Thaisis e disse:

– Depois me conte tudo, porque eu não me lembro, exatamente, o que falei.

Capítulo 13

Entre Jerusalém e Betânia

Sentimentos depurados...
Fé estabelecida.
Dizzi Akibah

COM O PASSAR dos dias, Ruth já se sentia emocionalmente refeita do impacto causado pela morte de Jesus na cruz. Entretanto, fisicamente se encontrava bem mais fragilizada. Mas como não gostava de ficar parada, assim mesmo, apoiada por uma bengala improvisada, ela saía para visitar pessoas doentes e levar a sua palavra de ânimo. Notando a reação positiva, Thaisis pediu a Ester e Sara para cuidarem da boa velhinha e depois de se despedir dela, seguiu para Betânia, onde desejava se encontrar com Dinah e Dimah.

O camelo, dócil, seguia lentamente estrada afora. Sem pressa de chegar, Thaisis aproveitava o tempo para meditar, como se habituara durante o longo percurso que havia feito mais de dois anos, conforme já narrado. Naquele momento, ela repassava as lembranças dos encontros que tivera com Jesus, quer pessoalmente ou em desdobramento e parecia ainda estar ouvindo a voz do Mestre, soando na acústica do seu campo mental e quando as lembranças mais fortes começavam a povoar sua mente, trazendo imagens do Gólgota, foi interrompida por algo na estrada que tinha a aparência de uma tela escura, interditando o local onde ela deveria passar para prosseguir a viagem.

Com a vidência depurada, ela prestou atenção e percebeu que aquilo que via se movia, como acontece com a fumaça. Logo notou vultos escuros e lembrou-se da resposta do espírito Caridade, ao lhe perguntar o que faria se encontrasse espíritos raivosos: "o ódio é escuridão. Dissipe-o com a luz do amor!". Confiante, ela foi se aproximando e os espíritos então, começaram a vociferar:

– Enquanto você estava protegida pelo homem luz (se referiam a Jesus) a gente não conseguia fazer nada. Mas agora quero ver quem pode mais! Você buliu com os nossos amigos e mandou levá-los presos. Desde aquele dia nós estamos no seu encalço, esperando este momento! Agora, é com a gente!

Enquanto eles a ameaçavam, Thaisis externava vibrações amorosas e, em instantes, o seu campo magnético parecia escondê-la dentro de uma forte claridade. Vendo-a assim, um deles gritou:

– Não temos medo de fogo! – imaginando que a claridade dimanada de Thaisis seria fogo.

– Não é fogo e eu não tenho interesse de lutar contra vocês, que são meus irmãos, filhos de Deus!

– Conversa bonita para nos enganar? Você está cercada. Olhe para trás!

Thaisis olhou rápido e percebendo que estava realmente cercada por eles, pensou em provocar sono para paralisá-los, conforme havia aprendido com o espírito Caridade. Entretanto, lembrou-se da recomendação dada por ele de que essa medida só deveria ser tomada em casos de extrema necessidade, pois o objetivo era: primeiro dialogar e em seguida, despertá-los.

O fato nos leva à percepção de que, muito antes de Jesus enviar à Terra o Consolador e da consequente codificação da doutrina espírita, por Allan Kardec, os espíritos já atuavam, quando se tratava de um médium à altura. E Thaisis, além da mediunidade bastante aguçada, o seu nível de conhecimento e de moralidade faziam jus à confiança da espiritualidade. Isso nos dá a certeza de que a mediunidade sempre existiu. Grande parte do conteúdo do velho testamento, encontra-se pontilhada de fatos mediúnicos. Não precisamos nos aprofundar, à procura de um exemplo, pois as ações mediúnicas de Moisés, no campo da vidência e de efeitos físicos, são provas inequívocas. E para não nos alongarmos, basta lembrarmos da maneira que os Dez Mandamentos foram passados às mãos do legislador: ditados por Javé, um espírito de alta elevação e escrito em pedra sob a recomendação de Jesus, preparando os homens e o mundo para a sua vinda à Terra.

Sigamos com a narração:

Mesmo percebendo que eles a haviam cercado, ela não se intimidou e passou a intensificar o sentimento de irmandade, sussurrando:

– Eu amo vocês.

Naquele momento, ela havia atingido a culminância da sua capacidade de concentração, entretanto, mantinha a consciência do ambiente onde se encontrava. Assim, puxou a rédea do camelo, fazendo-o virar a frente para uma das margens da estrada e estendeu as mãos, apontando-as para os dois pontos de interdição dos espíritos. Em instantes, passaram a fluir pelas extremidades dos dedos, para um lado e para o outro, feixes de energia movimentados pelo impulso do amor.

Um belo espetáculo que, apesar da mediunidade de vidência, já bastante desenvolvida, ela mesma não conseguia ver, com a mesma clareza do espírito que se autodenominava Caridade, que ali se encontrava apenas observando, pois Thaisis não havia lhe dirigido qualquer pedido de ajuda. Momentos depois, os espíritos, antes raivosos e vingativos, começaram a sentir algo que não sabiam do que se tratava. Um deles, que exercia influência sobre os outros e era respeitado como chefe, falou a alta voz:

– Vamos sair daqui! A coisa está ficando feia para a gente!

Dito isso, eles tentaram evadir-se, mas haviam perdido a força de locomoção já que, até ali, eram movidos pelo ânimo do ódio. Naquele momento, Thaisis se aproximou do primeiro grupo e começou a falar. Sua voz, pura expressão do amor que sentia, chegava aos espíritos como um bálsamo reconfortante. Minutos depois, eles já haviam mudado as predisposições de antes e um deles falou:

– Estou cansado e sem esperança.

Outro respondeu:

– Eu queria viver diferente, mas não sei o que fazer.

– Saberá – respondeu ela.

– Perdoa-me? – perguntou o que era visto pelos outros, na qualidade de chefe.

– Já está perdoado. Já disse e repito: eu amo todos vocês. Esperem um pouco. Já volto.

Foi ao outro grupo e procedeu do mesmo jeito, também alcançando êxito.

Só aí, então, ela caiu na realidade:

– E agora, grande Deus, que faço com eles? – perguntou, lembrando-se de Caridade e o espírito imediatamente apareceu na sua frente sorrindo. Ela exclamou cheia de satisfação – oh, sabia que sozinha eu não seria capaz de fazer tudo isso que acabou de acontecer!

– Nada fiz, Thaisis! Como interferir nas ações de outrem, sem haver um convite ou um pedido? – respondeu o espírito e continuou falando – receba as minhas felicitações pelo êxito alcançado, não somente este que acaba de ocorrer, mas por tantos outros que aconteceram durante a sua viagem de retorno.

– Sou grata pelas felicitações. Mas diga-me, a título de ensinamento: que faço com eles?

– Há sempre bons momentos. Mas se pretendemos, na hora da ação, um resultado satisfatório, não devemos apenas escolher melhor, mas sobretudo o mais certo. Para você, este momento ainda não é nem o melhor e nem o mais certo. Ainda está no porvir.

Fez uma pausa, olhou para Thaisis, sorriu e disse-lhe:

– Agora siga em paz, porquanto cabe a mim a complementação da tarefa.

Alegre, por ter ajudado os espíritos, Thaisis seguiu a viagem, observando a ação da natureza, que é na sua essência, manifestação divina: o vento brando perpassando e amenizando o calor do dia ensolarado, o soar do canto de alguns pássaros e as pétalas abertas das raras flores nas margens da estrada pareciam sorrir, ao tempo que exalavam o seu agradável perfume. Thaisis, como se poetisa fosse, falou:

– Terra amada, engalanada de flor,
Expressão amorosa do divino Senhor!

Já que a característica principal do poeta é perceber com sensibilidade aguçada as minudências da sua contemplação, ela poderia, sim, ser considerada poetisa, pois que, uma flor para ela, não era apenas a beleza que ostentava e nem o perfume que exalava. Era acima de tudo, uma expressão do Criador do universo, como mostra o verso acima. As suas expressões, como o exemplo a seguir, demonstravam que a sua mente já se encontrava um pouco acima do comum, em referência à época e o lugar onde se situava:

– Falam do céu como se fosse um local de bênçãos, contemplação e completa felicidade. Ora, neste momento, sinto um céu dentro de mim e também fora, pois é possível haver céu em toda criação divina: o sorriso de uma criança, um abraço afetuoso, um gesto de carinho, uma palavra de conforto, não seriam pedacinhos de céu? E quem já consegue amar a Deus sobre todas as coisas, e ao próximo como a si mesmo, não significa um estado celestial?

Depois de uma pequena pausa, ela voltou a mente a Jesus e se expressou, demonstrando-nos uma das principais virtudes, a humildade:

"Oh, Raboni, Raboni! Já que a tua misericórdia chegou a mim, pobre pecadora, que ainda luta para sair da obscuridade da ignorância, permita-me continuar contando com ela, pois se assim for, seguir-te-ei, não somente durante esta vida, mas em outras, de acordo ao "o nascer de novo" da resposta dada por ti senhor, a Nicodemos e, acima disso, pela eternidade afora, já que a morte, que aniquila o corpo físico, não extermina a alma que prossegue a sua jornada, pelo universo infinito."

O exemplo da personagem acima, nos leva a crer que ter tempo é questão de preferência, no que se relaciona ao aprimoramento moral e espiritual. O tempo é concessão valiosa do Criador. Usemo-lo com responsabilidade, começando por bons pensamentos, bons sentimentos e boas ações.

Thaisis se deu conta de que estava chegando a Betânia e lembrando-se da informação de que Jesus havia ressuscitado Lázaro, pensou em procurar alguém da família, para saber com detalhes como tudo havia ocorrido, pois ainda era o assunto mais comentado pelas pessoas do lugar. Entretanto, lembrando-se de Ruth quando lhe dissera que se fosse por simples curiosidade, melhor não fazê-lo, pensou:

"Realmente! Tenho eu o direito de ocupar as pessoas por simples curiosidade? Para elas que compõem a família, já não basta a beleza da ação amorosa de Jesus, tivesse Lázaro realmente morto ou acometido de morte aparente? Não! Não tenho esse direito."

Puxou a rédea do camelo colocando-o na direção do caminho que levava à casa de Dimah e seguiu em frente. Em lá chegando, viu a casa fechada. Desceu do animal e sentou-se num banquinho rústico na sombra de uma árvore. Achando que na casa não havia morador, foi até a fonte dar água ao camelo. Lá mesmo montou no animal disposta a retornar. Antes, porém, de sair da área da casa, ouviu vozes e imaginou fossem as duas irmãs Dinah e Dimah. Mas ouvindo voz masculina, pôs o camelo para andar, decidida a sair dali imediatamente, mas não houve tempo porque ouviu por trás, segundo a posição que se encontrava:

– Thaisis? Oh, que feliz surpresa!

Era Dimah, que chegava do campo, onde tinha ido colher frutas. Thaisis, de tão alegre, em vez de descer do camelo com o mesmo cuidado que lhe era habitual, deu um pulo e só não caiu, porque Dimah segurou-a pelo braço. Depois do abraço cheio de saudades, Dimah, disse-lhe:

– Quero lhe apresentar Shamir, meu esposo.

– Enfim, casou-se de novo! Precisava mesmo renovar a sua vida. Afinal, a tristeza que eu percebia em seu coração não era nada bom para a sua saúde física e mental. Amem-se e sejam felizes!

– Agradeço muito pelos seus sinceros votos, entretanto, há um detalhe: eu não me casei de novo. Shamir é a mesma pessoa de quem eu falava... O meu marido de sempre! A magia do amor do Raboni uniu-nos de novo, mas agora pelo respeito, pela lealdade e pelo amor, que embora eu achasse que havia morrido em meu coração, apenas dormia.

– Oh, Dimah, que satisfação para mim vê-la assim alegre e

cheia de esperança! Eu acho que a história de vocês é de grande importância, pois se trata de uma demonstração do efeito benéfico do trabalho redentor do Raboni.
— Fica conosco, pelo menos por alguns dias e eu te contarei como tudo aconteceu.

Naquela mesma noite, depois da última refeição do dia, Dimah, sob o olhar curioso de Thaisis, começou a narrar:
— Quando chegamos a Jerusalém, retornando de Emaús, eu e Dinah tomamos o cuidado de nos camuflarmos num disfarce, cheias de temor de sermos reconhecidas: Dinah, por Danti e eu por ele, apontou para o esposo, que sorriu contrafeito. Entretanto, só agora posso compreender que nada fica oculto e que ninguém consegue se esconder de uma situação, ou de alguém, por toda a vida. Nosso propósito era seguir em frente, sem parar em Jerusalém. Entretanto, quando nos aproximávamos do centro da cidade, Dinah se demonstrou desejosa de visitar, nem que fosse por alguns minutos, o local onde ela havia conhecido Jesus. Eu, como você sabe, o conheci aqui mesmo em Betânia. No referido local, descemos dos camelos, retiramos os véus que cobriam parte do rosto e depois de instantes de silêncio, Dinah olhou para mim e eu entendi que ela propunha fazermos uma oração e passamos a recitar... Digo recitar, pois, para mim, o Pai Nosso, mesmo sem rima, é o mais belo poema que existe, por se tratar de um meio da criatura se dirigir ao Criador. E então, em voz baixa, começamos simultaneamente a oração: Pai que está nos Céus, santificado seja o vosso nome, venha a nós o vosso reino, seja feita a vossa vontade... Continuamos a oração, mas quando chegamos à parte que diz, perdoa as nossas dívidas, assim como nós perdoamos aos nossos devedores, senti alguém tocar de leve em meu braço. Abri os olhos e Dinah me cochichou: olha quem está ali! Virei o rosto na direção e percebendo que era Shamir, apavorada, dei um grito e tentei sair correndo, mas ele me segu-

rou pelo braço. Apesar da delicadeza com que ele me reteve, eu estava trêmula e ofegante. Ele então, olhou bem em meus olhos e disse-me com a voz cheia de ternura: "Dimah, não receie, porque aquele homem que, embriagado, lhe odiava por não se conformar com a separação, já não existe. Foi fulminado pelas palavras verdadeiras e sábias do divino Raboni, as quais me fizeram renascer com nova compreensão sobre a vida, o viver e o conviver. A minha primeira atitude neste momento em que te encontro, é pedir que me perdoe. Todavia, não quero dizer com isso que estou pedindo também que volte para a minha vida se você não se encontra em condições de confiar ou se o seu coração estiver árido em relação aos sentimentos que outrora nos uniu, mas que esqueça o passado infeliz". Terminada a conversa, ele estendeu a mão para se despedir e eu retive-a por instantes, mas logo soltei-a. Ele saiu e depois de ter dado alguns passos, olhou na minha direção e eu percebi que os seus olhos brilhavam... E disse para mim mesma: o Raboni que tem feito tantos milagres, fez também o milagre de despertar em nós o amor que havia adormecido em nossos corações.

Thaisis levantou de um banco onde estava sentada e começou a bater palmas, Dimah e Shamir também de pé, acompanharam-na cheios de alegria e, completaram a comemoração do bom acontecimento, entoando o refrão de uma música, cuja letra era uma exaltação à vida e ao amor. A seguir, Dimah pediu a atenção de Thaisis e Shamir, para explicar alguns detalhes referentes ao seu relato:

– Quero fazer uma ressalva. Diante de tudo que aconteceu e acabo de narrar, fica uma importante lição: o Raboni, mesmo com toda sabedoria e poder, não forçaria a nossa vontade, com o objetivo de voltarmos à convivência. Mas foram os seus ensinamentos e os seus exemplos que abriram o caminho que passamos a trilhar com mais segurança e firmeza no cumprimento dos deveres alusivos à própria vida. Muito mais neste momento, que sinto em mim uma nova vida, o que certamente nos proporcionará muitas alegrias.

— Dimah, você vai ser mãe?! É muita surpresa para um só dia!

— Sim! A convivência foi restabelecida e em vez de dois, seremos três. E você, Thaisis, em relação a Danti?

Depois de falar sobre as informações que lhe foram prestadas pelo comandante do exército em Jerusalém, ela concluiu:

— Procurei-o por toda parte, ansiosa para tentar ajudá-lo, mas não tive êxito. O que me tranquiliza é a esperança de que ele mude o seu jeito de viver, pois fora da corporação, não mais correrá o risco de tirar a vida de alguém.

Depois de três dias de muita conversa construtiva, Thaisis lembrou-se fortemente de Ruth e decidiu, que deveria retornar imediatamente a Jerusalém. Antes, porém, de se despedir, ela quis saber sobre Dinah, ao que Dimah respondeu:

— Ela, mesmo contra a nossa vontade, decidiu não ficar conosco, afirmando que poderia de certo modo atrapalhar a nossa convivência, comparando o lar com um ninho de passarinho, onde deve estar apenas os pais e os filhotes. Quaisquer outros que se aproximem são considerados invasores. Com esse pensamento, embora a minha insistência para que ficasse conosco, ela não me atendeu e seguiu para a Samaria, onde vivem alguns parentes nossos. Mas uma coisa, Thaisis, eu posso afirmar sem medo de errar: ela mudou muito! Antes parecia que o seu coração tinha se congelado, porque não sentia afeto, nem mesmo por uma criança. Era de tal modo a dureza no agir com as pessoas, que dificilmente via-a abraçar alguém. Por conta disso ela não encontrou, até então, ninguém para conviver e viveu sempre sozinha. Mas agora, do jeito que está, penso que tudo para ela vai mudar. Foi mais um efeito benéfico das lições luminosas do Raboni.

Thaisis se despediu do casal e seguiu para Jerusalém. Ao chegar à casa de Ruth, estranhou, vendo um movimento incomum. Gente entrando e saindo, o que não ocorria normalmente. Mas naquele momento havia muita gente na moradia simples. Digo simples, mas apenas no aspecto físico. Porque vista pelos espíritos, o ambiente interno mantinha-se sempre iluminado, graças às vibrações do amor externado por aquele coração bondoso e pela presença, quase constante, de espíritos atuantes na seara do Mestre. Era um exemplo da referência de Thaisis ao pedacinho do céu.

Thaisis saltou rapidamente do camelo e chegando à porta de entrada, viu a boa velhinha prostrada na cama. Prestando atenção ao seu aspecto físico, percebeu que ela estava findando a sua existência e chorou. As suas lágrimas, como pérolas de amor, vistas pelos espíritos ali presentes, pareciam pingos de luz que ao caírem no rosto da boa velhinha, fez com que ela abrisse os olhos e ao ver a filha do seu coração, deu-lhe um sorriso. Depois de instantes, com muito esforço, começou a falar com a voz quase inaudível:

– Deus atendeu o meu constante pedido de não morrer antes de conhecer o Raboni, que veio nos trazer a verdade divina, despertar os nossos corações para o amor a Deus e ao próximo e tantas outras revelações que, certamente, mudarão a mentalidade da criatura humana, não apenas agora, mas pelos séculos vindouros.

Ofegante e sem força para falar, silenciou. Mas depois de alguns minutos, dirigiu o olhar cheio de ternura a Thaisis e disse quase em sussurro:

– Filha do coração, saiba que eu te amo e que este amor profundamente enraizado no meu íntimo não vai se apagar com a morte do corpo físico, que sinto estar chegando. Guardo a certeza de que nos reencontraremos em algum tempo, na eternidade do espírito.

Parou novamente ofegante, fechou os olhos de onde fluíam lágrimas e silenciou. Thaisis continuou sem desviar os olhos dela, na expectativa de ouvir mais um pouco aquela voz, que havia levantado caídos, gerado esperanças e contribuído para mudança benéfica de muitas vidas. Depois de alguns minutos, Ruth abriu os olhos que ainda conservavam o mesmo brilho de sempre.

– Ame, Thaisis! Ame, conforme orientação do Raboni: *a Deus sobre todas as coisas e ao próximo como a si mesma.*

Silenciou por instantes e balbuciou:

– Estou em paz. Adeus!

Fechou os olhos definitivamente para aquela existência, pois algumas horas depois, deu o último suspiro, deixando em centenas de corações a luz do amor que soube muito bem despertar, através da doação de si mesma. Thaisis, depois de ter tomado as primeiras providências para o sepultamento do corpo, que seria no dia seguinte, retornou à casa. À proporção que a noite foi chegando, as pessoas foram deixando o lugar e ela ficou sozinha junto ao corpo inanimado da mãe pelo coração. Já passando da meia noite, ela fechou os olhos e começou a fazer uma prece, pedindo a Jesus que amparasse Ruth. Antes de terminar a prece, passou a ver através da mediunidade de vidência, a casinha cheia de espíritos. A claridade do ambiente, que antes era branda, ampliou-se de tal forma, que parecia um só feixe de luz. Naquele mesmo momento ela viu, cheia de surpresa, Ruth espírito saindo do corpo físico na posição horizontal, logo depois, na vertical, pôs os pés no chão demonstrando a mesma tranquilidade de sempre. Cheia de admiração, Thaisis viu uma entidade espiritual com forte iluminação sobre a cabeça, se aproximar de Ruth e segurar as suas mãos falando:

– Enfim, chega-te a liberdade, para o retorno ao verdadeiro mundo, de onde um dia vieste.

O referido espírito desatou os laços fluídicos que prendiam o espírito ao corpo físico de Ruth e, em seguida, vendo-a olhando em volta, disse-lhe:

– É possível que você não reconheça todos que aqui se encontram, movidos por um gesto de gratidão por causa das suas palavras amorosas durante quase toda a sua longa existência física, o que os incentivou à busca de um novo rumo, para o desejado despertar. Mais do que ninguém, você sabe o quanto fez em prol do próximo.

Dito isso, o espírito abraçou Ruth, já completamente separada do corpo físico e foi com ela saindo. Antes, porém, de deixar o interior da casa, Ruth dirigiu o olhar a Thaisis e, percebendo que ela a via pela mediunidade de vidência, se aproximou e beijou o rosto da filha pelo coração. Thaisis não sentiu o beijo como um toque físico, na sensibilidade da pele, mas uma doce emoção na sensibilidade do campo cardíaco, onde se registra o efeito das emoções, o que recebeu como sendo o último presente dela, porquanto, passou a sentir paz, serenidade e alegria. Lá fora, ainda para admiração de Thaisis, os espíritos que ali se encontravam, formaram, de mãos dadas, um ciclo em volta de Ruth. Percebendo todo aquele preparativo, a boa velhinha desencarnada, perguntou:

– Por que tudo isso, se não me sinto merecedora?

– Vamos, minha irmã, – respondeu o espírito, e esclareceu – a resposta encontra-se na mais perfeita explicação de Jesus sobre a justiça: *a cada um, segundo as suas obras.*

Dito isso, segurou as mãos de Ruth e começou a volitar e os demais espíritos seguiam, formando um cortejo luminoso, que Thaisis, saudosa, ficou olhando até quando desapareceu no espaço. O dia amanheceu e ainda cedo a casa e a rua estavam lotadas de pessoas para acompanharem o sepultamento, que foi feito, a pedido de Ruth, no sopé do Gólgota.

Thaisis retornou à casa, que estava vazia, sem graça, sem vida e perguntou a si mesma:

– Que faço agora?

Ela estava em dúvida, sem conseguir encontrar o rumo que deveria tomar entre algumas opções como procurar Danti, voltar aos locais onde havia passado para avaliar os efeitos dos ensinamentos de Jesus ou, enfim, retornar para junto dos pais em Roma. Era esta a sua tendência, mas já que não havia encontrado qualquer informação sobre Danti e considerando o que havia aprendido com Jesus, sentia um aperto no coração ao imaginar voltar para Roma sem nada ter feito para ajudá-lo. Sem discernimento, surgiram as interrogações:

"Como podem as criaturas humanas viverem em tão diferentes situações? Ora, se tem chegado a mim tantos bens facultados pela misericórdia de Deus e Jesus, Danti não saiu também das santas mãos do Criador? Não creio que alguém pratique o mal por satisfação, tendo conhecimento de que está errado. Danti imaginava estar certo desde quando optou pelo exército, embora fosse no seu caso, uma mera ilusão."

Lembrou-se de Simão Pedro, por quem mantinha uma grande admiração e saiu à sua procura. Queria abrir o coração e pedir, talvez, um conselho, uma orientação. Ao vê-la, o dedicado apóstolo sorriu cheio de contentamento:

– Thaisis, minha filha, a tua presença é motivo de satisfação para mim.

– Vim procurá-lo para pedir um conselho, porque estou em dúvida do rumo que eu devo seguir.

O apóstolo, depois de fixar o olhar na direção de Thaisis, perguntou:

– Confia que eu, ainda tão obscuro, tenha condição de orientar uma servidora leal do Raboni, como você?

Já que Thaisis em vez de responder a pergunta, silenciou, Pedro, então, disse-lhe:

– A cada um, a tarefa que lhe foi inspirada. E tendo você

consciência disso, siga em frente! Sei do seu desejo de retornar a Roma. Provindas do amor, as ações postas em prática, que despertaram tantas mentes e tantos corações que dormiam na indiferença, bastam para manter a consciência em paz. E além disso, já posso prever o acirrar das perseguições contra os seguidores do Raboni e sendo você, ainda tão jovem, penso que o melhor é preservar a vida, pois ela tem sido e continuará sendo útil a muita gente, sem que seja preciso se expor ao perigo.

Thaisis falou sobre Danti e da sua decisão de não sair de Jerusalém enquanto não o encontrasse para tentar ajudá-lo.

– É preciso saber, antes de tomar qualquer atitude nesse sentido, se ele quer ou não a sua ajuda ou de quem quer que seja e se o que você imagina ser o melhor para ele, é o que ele necessita neste momento.

Ela abraçou o apóstolo, falando:

– Que ainda nos vejamos ou não, levo do senhor as melhores recordações e deixo-lhe a certeza da minha profunda admiração.

– Já que foi o mesmo ideal que estabeleceu a aproximação entre nós, seguiremos unidos, do mesmo jeito, pois estou convencido de que você jamais esquecerá o Raboni. Não só você, mas tantos quantos tiveram a ventura de conhecê-lo – disse Simão Pedro comovido.

No que pesava o interesse de Thaisis em se encontrar com Danti e ele, àquela altura, também com ela, os sentidos, porém, eram antagônicos. Talvez exatamente por isso, eles estiveram tão próximos um do outro, sem que se vissem. No Calvário, no dia da crucificação de Jesus, ambos se encontravam no mesmo local. Ela usava um traje comum, tipo o habitual das mulheres judias naquela época e mantinha a cabeça e parte do rosto cobertos por um véu. Estava totalmente desatenta do que ocorria em volta, porquanto, mantinha os sentidos em Jesus, conforme já narrado. Enquanto que ele participava ativamente da crucificação de

Jesus e se divertia com os outros soldados, tomando parte de um sorteio do manto de Jesus. Não conseguindo ser o ganhador como gostaria, ele levou, como se fosse um troféu, um pedaço da túnica, que os soldados haviam rasgado.

DEPOIS DA CONVERSA que tivera com o apóstolo Pedro, Thaisis resolveu voltar ao comando do exército, para tentar qualquer informação sobre o paradeiro de Danti, embora imaginasse que ele teria sido realmente afastado da corporação, como fora a afirmação do comandante. Em lá chegando, procedeu como da outra vez.

– Lembro-me da senhora, – falou o sentinela de plantão e continuou se expressando – não repare se eu afirmo que a senhora me inspira confiança. E esta confiança não me permite enganá-la. Não volte ao comandante, pois a ordem expressa por ele mesmo é que ninguém está autorizado a prestar informações, quaisquer que sejam, referentes aos componentes do exército, nem mesmo a familiares, como é o seu caso. Mas para que essa determinação não se torne pública, eles próprios, os grandes, podem até receber alguém, prestar informações, mas nunca com a clareza necessária.

– Posso confiar no que você está me dizendo?

– Sim, mas tenho que lhe pedir um favor: que nunca fale a quem quer que seja que ouviu isso de mim. Pois do contrário, eu acabaria no mínimo, sendo considerado traidor do exército.

– Não falarei. Mas já que você acabou de dizer que lhe inspiro confiança, responda-me com sinceridade: quando estive aqui e conversei com o comandante sobre o paradeiro de Danti, posso ter sido enganada?

– Não posso afirmar isso, já que não tenho conhecimento do que lhe disse ele sobre Danti.

Depois de uma pequena pausa, ela contou-lhe as informações que recebeu do comandante e ele, em seguida, explicou:

– No exército, ele figura como legionário. E nessa categoria, o militar pode ser transferido para qualquer lugar onde haja luta. Estar fora da corporação, conforme o seu entendimento, pode ter sido um recurso de expressão que o comandante usou, para não prestar informações sobre Danti. Se ele está fora ou não da corporação, não me pergunte, pois, pelo sim ou pelo não, de qualquer jeito eu estaria desobedecendo determinações do comando.

Thaisis agradeceu ao soldado e saiu dali, sem saber o que realmente estaria acontecendo com Danti. E já que não tinha como buscar informação, decidiu deixar Jerusalém.

Capítulo 14

Decisões surpreendentes

*Não se surpreenda com as atitudes humanas.
Afinal, somos todos, ainda, mutáveis!*

Dizzi Akibah

Algum tempo depois das observações feitas pelo centurião, conforme narração anterior, Danti foi alertado pelo comandante da corporação de que, se ele prosseguisse na apatia em que se deixara acometer, sem demonstrações de valentia e agilidade como era antes, seria expulso do exército. Ouvindo isso, ele acordou para prosseguir como antes, no cumprimento dos deveres para com o exército, que valorizava o soldado que atuava como legionário, pelo número de inimigos vencidos. Todavia, dali para frente, ele se tornara uma pessoa de difícil convivência. As queixas dos companheiros chegaram aos ouvidos do comando, que removeu-o de Jerusalém para Samaria. A partir daí, Danti adotou, em relação à disciplina exigida pela corporação, um comportamento exemplar, já que o seu objetivo era retornar a Jerusalém, o que acabou conseguindo, alguns dias antes das comemorações da Páscoa. Ao tomar conhecimento de que Jesus se encontrava em Jerusalém e teria sido preso, vibrou de alegria, falando para si mesmo:

"Agora eu quero ver a sabedoria e o poder desse encantador de mulheres!" – e continuou acompanhando, com maldosa euforia, os acontecimentos e, ao tomar conhecimento de que Jesus seria crucificado, solicitou imediatamente ao comando, a sua inclusão no grupo de soldados destacados para a crucificação de Jesus. Ao sair do setor onde foi atendido, se demonstrava eufórico, com a mesma satisfação que demonstrava, quando voltava vitorioso dos confrontos. Isso porque todas as suas desventuras, desde a fuga da esposa, Thaisis, até a sua remoção para a Samaria, ele continuava atribuindo a culpa em Jesus. Tanto que, até sair do Calvário, no dia da crucificação, o seu sentimento era de satisfação por ter ajudado pregar os cravos nas mãos e nos pés do Mestre, prendendo-o impiedosamente na cruz. Tanto que chegou a proferir algumas palavras de insulto:

– Para onde foi o teu poder, encantador de mulheres?

Entretanto, ao chegar à casa, levando o pedaço da túnica, como se fosse um prêmio da sua vingança, colocou-o em cima da mesa. Somente aí, é que ele percebeu que o tecido estava manchado por pingos de sangue e lembrou-se de que havia observado com estranheza, que na fisionomia de Jesus não havia qualquer vestígio de que ele houvesse perdido a serenidade, nem mesmo diante do insulto intencionadamente por ele provocado. Veio em seguida, à sua mente, a imagem de Maria, a mãe de Jesus, que sentindo dor inenarrável, olhava para o filho no auge do sofrimento. Ainda com os olhos fixos nas manchas de sangue no tecido, perguntou a si mesmo: se em vez dele, fosse eu o crucificado, a minha mãe não sofreria igualmente? Prosseguiu pensando e lembrou-se das palavras de Jesus dirigidas a ele, quando sugeriu-lhe guardar a espada e perguntou a si mesmo ou, para ser mais exato, à própria consciência: "será que ele merecia e precisava mesmo ter uma morte tão sofrida e humilhante? Sentiu remorso e continuou falando sozinho: talvez fosse melhor para mim, que já estou tão infeliz sem Thaisis em minha vida, que me mantivesse distante disso. Ora, ela sempre me revelara pureza de sentimentos, educação aprimorada e natureza pacífica. Tanto que nunca notei qualquer sinal de raiva na sua fisionomia. Era doce o seu sorriso e macias as suas palavras. Só agora posso compreender que, se ela e milhares de pessoas, tanto mulheres quanto homens, foram atraídas pelo crucificado, não poderia ser por qualquer interesse pessoal, mas sim, por algo que eu mesmo não consigo imaginar.

Parou de falar, fixou, novamente o olhar nas manchas de sangue, passou a se lembrar do momento do julgamento de Jesus e das palavras de Pilatos, afirmando que não havia encontrado nada que justificasse uma condenação. Com o coração acelerado e a respiração ofegante, exclamou:

– Eu me enganei! Todos se enganaram, pois, matamos um inocente!

Logo se deu conta de que as lágrimas rolavam rosto abaixo. Pegou um lenço e não obstante as enxugasse, não conseguia parar de chorar, pois as comportas do íntimo, maculado pelo ódio e pela maldade, foram abertas e as lágrimas que fluíam, levavam os detritos – lixo moral, há muito tempo acumulado. Desesperado, sentiu uma vontade irresistível de olhar, novamente, as manchas de sangue e falou com a voz quase embargada:

– Nunca mais farei derramar uma só gota de sangue, de quem quer que seja!

Poderia causar estranheza a mudança repentina de Danti, não fosse a ajuda que começou a receber do espírito que se autodenominava Caridade. Desde o momento em que ele olhou para as manchas de sangue no tecido que fora a túnica de Jesus, isso mexeu com a sua sensibilidade.

Ainda vestido na farda, seguiu para o comando da corporação. Ao vê-lo entrando, o comandante falou em bom tom:

– Que bons ventos, como diz o povo daqui, te trazem, valente guerreiro?

– Comandante, pesa-me dizer que não foram bons ventos que me trouxeram aqui, neste momento.

– Um furacão, então? Explica-te!

– Sim, isso mesmo! Um furacão que abala toda a minha estrutura interna, levando-me à realidade de que não é lícito tirar a vida de alguém, principalmente, quando se trata de um justo ou de um inocente.

– Seja mais claro! – exclamou o comandante com o olhar fixo em Danti.

– Não desejo, doravante, tirar a vida de quem quer que seja, mesmo se tratando dos que consideramos inimigos do Império Romano.

O comandante ouvindo-o com a mão no queixo, sem querer acreditar no que estava vendo, enfatizou:

– Mesmo sendo inimigo do Império?! Qual é a razão que te leva a tão desbaratada decisão?

– Nós matamos um inocente! Isso é tudo... o total... o máximo... o extremo da minha decisão!

– Quê?! Você está equivocado, pois foi o povo que o condenou à crucificação. Que temos com isso?

– Tudo! Já que fomos nós, soldados deste exército, que o crucificamos, isto é: matamos um justo! O próprio governador Pilatos revelou não ter encontrado nada que justificasse sua condenação. E já que não havia crime, por que o exército se prontificou a enviar os seus soldados para este ato perverso? Se o povo decidiu pela morte, deixasse que ele mesmo, o povo, o matasse!

Não contando com um argumento convincente, o comandante valeu-se da sua superioridade hierárquica e reagiu quase aos gritos:
– Soldado, alinhe a sua disciplina e mantenha o devido respeito ao falar! Ignora a distância que nos separa? Se ignora, saiba que posso agora mesmo, expulsá-lo do exército e prendê-lo por desacato a minha autoridade.
– Já me considero expulso! Peço a oficialização da minha baixa do exército.
Já estava chegando à porta de saída, mas voltou, retirou a espada que estava presa na cintura e disse:
– Com licença, – pôs a arma em cima da mesa e tentou se justificar – devolvo-a, com o pensamento voltado à pacificação do meu coração, se ainda me for possível. A farda deixá-la-ei no vestiário.
Saiu dali, foi até o setor de pagamentos e explicou que estava dando baixa do exército e que ali se encontrava para receber os soldos.
– Onde já se viu um covarde que se nega a defender a sua própria pátria, reclamar direitos depois de se negar a cumprir os seus deveres? – perguntou o responsável pelo setor e, sem esperar resposta, exclamou, – suma daqui, traidor indolente!
Danti foi até o vestiário, trocou a farda pela roupa, que lá havia deixado e saiu, sem olhar para trás. Sentindo o peso da humilhação, lembrou-se de quando Thaisis lhe disse que ele valia para o exército, como também para o império, muito menos do que imaginava e com os olhos úmidos, pois as lágrimas voltavam a fluir, falou baixinho:
– Oh, como estava ela certa! E eu iludido, continuei na minha rude teimosia. Agora aqui me encontro, sem o exército e sem Thaisis. Só assim a minha consciência mostra que o errado fui eu mesmo! Quem dera poder reencontrá-la, para dizer-lhe:

"Thaisis, deixei o exército!" Pediria perdão, mesmo que precisasse ajoelhar-me aos seus pés. Todavia, entendo, que agora é muito tarde!

Voltou à casa, dobrou cuidadosamente o pedaço da túnica manchado pelo sangue de Jesus e disse para si mesmo:

– Guardá-la-ei comigo, até o fim desta vida.

Sentindo-se interiormente vazio, olhou em volta, foi ao quarto, pegou uma roupa de Thaisis que ela havia deixado no dia da fuga, pôs junto à parte da túnica que antes vestia Jesus e disse:

– Mais do que justo! Estas serão as únicas recordações boas da minha vida. O vestido me fará lembrar de alguém que muito amo. As gotas de sangue de um justo serão o símbolo da mudança que pretendo dar, doravante, a minha vida.

Disse isso, voltou às imagens do calvário e lembrou-se que tinha visto um rapaz bem jovem, ao lado da mãe de Jesus e começou conjecturar:

"Se ele estava com a mãe do crucificado, logicamente era um dos que o acompanhavam. Se Thaisis também o acompanhou, certamente aquele rapaz, que deve ser da idade dela, ou até mais novo, deve tê-la conhecido. Ele deve saber que destino ela tomou depois de tudo que acaba de acontecer."

Mas em vez de sair, como era a sua intenção, fechou portas e janelas da casa e ficou lá dentro, como se um recluso fosse. Depois de meses, sem que ninguém soubesse do seu paradeiro, apático, emagrecido, barba e cabelos crescidos, rosto descorado e a pele macilenta ostentando uma aparência bastante desagradável, Danti decidiu procurar informações, objetivando se encontrar com o referido rapaz, por suspeitar que saberia algo sobre Thaisis. Perguntando às pessoas por onde ia andando lentamente, depois de perambular quase o dia todo, alguém lhe disse:

– Este, a quem você procura, sem ao menos saber o nome, eu também não sei. Mas Simão Pedro, que é seguidor de Jesus, pode ser encontrado, numa casa à beira da estrada.

Danti se dirigiu à Casa do Caminho onde Simão Pedro estava, ainda, tratando da sua precária instalação. Entretanto, já havendo mais de uma dezena de doentes e necessitados sob os seus cuidados, ao saber que havia alguém à sua procura, perguntou:

– De quem se trata?

– O visitante não quis se identificar – respondeu o colaborador voluntário da casa e explicou – disse apenas que queria ter uma rápida conversa.

– Oh, Deus! Mas logo agora? Mande-o se sentar no banco, na sombra da árvore e aguardar.

Minutos depois, ele foi ver de quem se tratava. Enquanto caminhava, pensava: "quem será? Um espião do Templo? Ou um soldado disfarçado, para colher informações? Se até ao Raboni fizeram o que desejaram, imagine a mim?! Mas que mal maior pode me ocorrer do que a minha falta de lealdade, se covardemente, o neguei três vezes?"

Chegou em frente a Danti e disse:

– Paz contigo.

Danti ficou sem saber como corresponder o cumprimento e respondeu:

– Por agora, estou ainda à procura!

Simão Pedro pensou: "por agora, significa que antes não?".

Talvez por causa da dúvida, ele foi taxativo, ao perguntar:

– O que deseja de mim?

– Paz para o meu coração, porque a perdi por completo, desde o dia que ajudei a crucificar um justo.

Pedro olhou bem para ele e pelo jeito de se expressar, reconheceu-o, pois se lembrou da cena, quando Danti, mal-intencionado e de espada em punho, foi procurar Jesus e falou com bastante ênfase:

– Eu lhe conheço!

Diante da situação embaraçosa, pois acabava de ser descoberto, Danti tratou de se explicar:

– Pedi baixa do exército e estou decidido a nunca mais usar a espada para ferir ou tirar a vida de alguém. Aquele que ajudei a crucificar, eu julgava-o inimigo. Entretanto, agora que reconheço que ele era inocente e inofensivo, estou sofrendo com um remorso tão profundo, que me tira o gosto pela vida.

Fez uma pausa e já que o apóstolo ficou calado, analisando o que ouvia, ele voltou a falar:

– O senhor pode até imaginar que sou um espião do exército, interessado a pô-lo a perder. Mas o tempo mostrará que, desde já, eu não passo de um farrapo humano. Sinto-me um dos mais insignificantes seres humanos. Por isso vim procurar alguém que, pelo menos, diga-me algo que me sirva de consolo ou que me proporcione uma réstia de esperança, já que pensei até em dar fim a minha vida, mas não tive coragem para tal!

Simão Pedro que, momentos antes, sentiu vontade de expulsá-lo da sua presença, depois de observar as expressões de Danti ao falar, principalmente os olhos, pois ao encará-lo por várias vezes, percebeu que ele havia segurado com firmeza o olhar, concluiu que havia sentimento, sinceridade nas expressões e, mais tranquilo, disse:

– Venha comigo!

Lá dentro, abriu a porta do pequeno e rústico compartimento onde ele dormia, apenas algumas horas durante a noite, convidou-o a entrar, fechou a porta e passou a falar sobre Jesus, a sua missão na Terra, o que eles, os apóstolos, tinham de deveres pela frente; do valor das atitudes provindas do amor, da bondade, da fraternidade e destacou, com mais ênfase, as lições do

perdão, do não querer para os outros o que não deseja para si e concluiu dizendo:
– O Raboni afirmou, que nenhuma ovelha do seu aprisco, se perderá.
– Eu entendo que já me pus a perder – respondeu Danti.
– O aprisco a que ele se referiu é o mundo. E as ovelhas não se resumem apenas a quem aceitou os seus ensinamentos e o seguiu. Não! São todos os homens e mulheres que povoam o mundo.

E, por fim, contou a parábola do filho pródigo, destacou o perdão daquele pai e a comparação que Jesus havia feito com o perdão de Deus. A seguir, pegou um rolo de pergaminho, onde ele mesmo havia anotado algumas lições de Jesus e estendeu a mão dizendo:
– Se já assinala o arrependimento sincero no coração, não se mortifique e nem se amaldiçoe pelo que passou. Refrigere a mente com nova esperança e leia isso com toda atenção. Mas uma lição de cada vez, até compreender. E se em algum momento você conseguir limpar o coração das sujidades, deixando-o em condições de ser preenchido pelo amor, use-o servindo. Pois o Raboni afirmou que o amor cobre a multidão de pecados.

Dito isso, deu por encerrado o diálogo. Apressado, abriu a porta e quando estendeu a mão para se despedir, percebeu lágrimas descendo pelo rosto de Danti, e expressou-se paternalmente:
– Se sente vontade, não tenha vergonha de chorar. Chore! A lágrima é como o dito popular do povo grego: "depois da tempestade vem a calmaria".

Abraçou-o, com o mesmo gesto paternal e disse-lhe ainda:
– Sou muito ocupado. Mas sempre que precisar, me procure.

Danti chegou em casa, abriu a gaveta onde havia guardado o vestido de Thaisis, abriu o pedaço da túnica de Jesus, olhou demoradamente e disse, olhando para as manchas de sangue:

– Perdoa-me! Eu não sabia. Mas agora eu sei, pelo menos, que não era quem eu pensava.

A partir de então, ele passou a ler e reler o conteúdo do pergaminho e não quis mais sair de casa. Portas e janelas fechadas, dava a ideia de que a casa estava vazia. Não precisava sair para fazer compra, pois havia na despensa muito gênero alimentício reservado. O dinheiro que dispunha, mesmo sem os soldos que lhe foram negados, era suficiente para sobreviver durante quase um ano sem se preocupar. Assim, permaneceu mais de quatro meses sem sair de casa novamente. Os cabelos e a barba muito grandes, tornaram-no irreconhecível. Só aí, ele se lembrou que havia esquecido de perguntar a Pedro, o apóstolo, sobre o rapaz que imaginava saber alguma notícia de Thaisis, ou mesmo ele, Simão Pedro, se por acaso a tivesse conhecido. Com este propósito, ele resolveu voltar à Casa do Caminho. E lá chegando, pediu para anunciá-lo e o apóstolo, que se encontrava atarefado atendendo dezenas de pessoas, ao vê-lo, gesticulou com a mão, o que Danti entendeu que era para esperar e ficou observando o triste quadro de sofrimento e o corre-corre do apóstolo, que de quando em vez, repetia o mesmo gesto com a mão, pedindo para aguardá-lo.

Mais de meia hora depois, Simão Pedro se aproximou de Danti e ele então, disse-lhe:

– Bom homem, desculpe-me por procurá-lo em momento tão impróprio. Voltarei em outra oportunidade.

– Disponho de alguns minutos. Podemos aproveitá-los para uma conversa rápida.

– Vou ser o mais rápido possível para não prejudicar as suas atividades – falou e foi direto ao assunto:

– Um rapaz que vi lá no monte, ao lado da mãe de Jesus, fazia parte do grupo?

– Sim! Era o João.

– Onde posso encontrá-lo?
– Ele está residindo atualmente em Éfeso. Que deseja com ele?
Danti passou a explicar as suas intenções a respeito de Thaisis:
– Desejo muito encontrá-la. Embora já tenha entendido que não a mereço, quero lhe pedir perdão, pois sei que isso será um alento para o meu coração.
– Conheci-a! Ela é uma servidora fiel do Raboni. Mas quanto ao seu paradeiro...
O apóstolo, embora houvesse aconselhado Thaisis a deixar Jerusalém e na oportunidade sugerido que ela voltasse a Roma, preferiu não informar, pois não tinha certeza se ela havia ou não acatado o seu conselho.
Danti apertou a mão de Pedro, agradecendo-o pela atenção e já tendo dado alguns passos, voltou atrás e perguntou:
– Como o senhor suporta essa carga emotiva, no meio de tanto sofrimento?
– É preciso servir, meu filho! Se ninguém se dispuser a levantar o caído, que será das centenas de pessoas que choram, esperando um consolo? Dos que gemem a sua dor, sem um remédio? Já que são poucos os que cooperam, as mãos têm que se mover com bem mais agilidade.
– Eu poderia ser útil em alguma coisa, pelo menos para varrer o chão...
– Se estiver disposto a agir com paciência e tolerância, sim. Mas não é só isso, já que o principal ingrediente da caridade é o amor! Se deseja experimentar, será bem-vindo.
Alguns meses depois, ele se tornara um eficiente servidor e voluntário da Casa do Caminho. As mãos que empunhavam a espada para matar, passaram a curar feridas, levantar caídos... A voz que era exteriorizada em palavras ofensivas, já se expressava em palavras de ânimo. Ninguém, a não ser Simão Pedro, sabia quem era aquele romano ainda jovem, que dedicava a sua vida

em prol dos sofredores. Não obstante toda essa dedicação na tentativa de amenizar a consciência, ao retornar à noite para o repouso, não conseguia dormir em paz, pois mesmo vencido pelo cansaço e o sono, logo que fechava os olhos defrontava-se com espíritos que, movidos pelo sentimento de vingança, passavam a agredi-lo, acusando-o de ter ceifado as suas vidas. Assim, passava o resto da noite acordado e o seu único consolo era relembrar do tempo em que conviveu com Thaisis e o ambiente da casa que, para ele, era o recanto onde guardava as mais doces lembranças da mulher que tanto amava, mas que não soubera compreender.

Mas como há situações em que a criatura humana precisa experimentar, como a perda de tudo para recomeçar do zero, alguns dias depois que Danti passara a servir na Casa do Caminho, recebeu a visita de alguns soldados, ex-companheiros do exército. Vendo-os, ele sentiu satisfação, imaginando que, enfim, eles teriam se lembrado dele. Entretanto, embora a cordialidade com que os recebeu, foi surpreendido com a frieza com que foi tratado, pois antes de cumprimentá-lo, um deles, com quem mantinha amizade, estendeu a mão para fazer a entrega de um comunicado e, impaciente, antes de Danti ler o conteúdo do documento, falou abruptamente:

– Isso aí é uma ordem de despejo! Pensou que abandonaria a corporação e ficaria morando de graça num imóvel do exército? Trate de tirar os seus pertences, porque amanhã à tarde, o novo morador chegará com a mudança.

No dia seguinte, pela manhã, Danti alugou uma carroça para transportar todo mobiliário da casa como camas, cadeiras, poltronas, armários e peças talhadas em madeira de lei e entregá-los na Casa do Caminho. Terminada a mudança, encostou a porta e disse:

– Perco o recanto das minhas melhores lembranças. Entretanto, se a minha maior perda foi Thaisis, que significa ficar sem teto?

Inicialmente, Simão Pedro ficou espantado vendo toda aquela cara mobília, num ambiente tão rústico, como era a Casa do Caminho. Esperou Danti chegar e, ao vê-lo, foi logo perguntando:
– O que significa isso, meu filho?!
– A casa que eu morava não era minha. O exército ordenou a desocupação. Os móveis, agora, pertencem à Casa do Caminho.
– São móveis caros e finos. Nem sei o que fazer com eles!
– Poderemos vendê-los! O valor das cinco camas, certamente dará para comprar umas quinze das mais simples. As peças renderão um bom dinheiro para a compra de remédios e alimentos. O que o senhor acha?
– E você, agora, não tem onde morar! Que fará da sua vida?
– Se me permitir, dormirei em qualquer cantinho aqui da casa.
– Se você tiver paciência de ouvir gemidos e lamentos, incessantemente, todas as noites, e de interromper seu sono para socorrer os mais carentes de atenção...
– Sim, bom homem!
– Então, fique!

Capítulo 15

Avaliando efeitos

Onde vige a ignorância, a verdade escasseia.
Dizzi Akibah

NÃO TENDO ENCONTRADO Danti, Thaisis se despediu das pessoas que havia conhecido durante o tempo em que permaneceu na casa de Ruth, montou no mesmo camelo, decidida a deixar para trás Jerusalém, para ela, palco da inaceitável injustiça praticada contra Jesus. Mas antes de tomar a direção da saída da cidade, se dirigiu ao templo. Em lá chegando, saltou do camelo, foi até o Átrio dos Gentios, pegou um pergaminho, escolheu um local bem estratégico e prendeu-o na parede, com o seguinte teor:

> Esta não é a casa de Deus, como o Sinédrio não é a da justiça. Pois, se assim fosse, os sacerdotes não exigiriam o dízimo dos pobres e desvalidos que vertem o suor no esforço para a sobrevivência, enquanto que eles tentam

demonstrar a sua falsa superioridade, até nas roupas que vestem, ornadas com fios de ouro, em detrimento de muitos que vivem à míngua de um naco de pão, para matar a fome. Onde não vige o amor, o orgulho se expande, a impiedade se alastra e a frieza de coração torna o ser insensível ao sofrimento alheio.

Oh, Sinédrio, conhecido como a corte suprema, onde juízes agregados ao sacerdócio e pactuados ao poder de Roma decidem penas de morte perversas, como a que ocorreu com o moço Estêvão, uma vez que, *"não matarás"* é um dos dez mandamentos da lei de Deus, que foi sintetizado, sabiamente, pelo Raboni: *amar a Deus sobre todas as coisas e ao próximo como a si mesmo.*

Oh, Jerusalém! Sinto que no porvir, não muito distante, não será o que imagina ser, pois nos corações dos simples e sofredores, onde foi posta a semente do bem, pelo divino semeador da paz e da justiça, já se percebe a fertilidade ideal para o florescimento da paz e da verdade, o que são tão escassas nos corações dos que se julgam grandes e poderosos, mas que temem a verdade, razão pela qual, tramaram a morte de Jesus, o enviado de Deus.

Este templo, tão majestoso na aparência por fora, pode ser comparado *ao sepulcro caiado por fora e por dentro cheio de podridão,* conforme palavras do Raboni, referindo-se aos escribas e fariseus. Pois, somente o reconhecimento do direito e da igualdade de toda criatura perante Deus, pode gerar a paz, a fraternidade e o bem-estar.

Adeus, Jerusalém! Lamento por ti e por todos, pois, para o orgulho, a prepotência e a frieza de coração, só há um remédio: a dor!

Thaisis pensou em deixar o manifesto no anonimato. Todavia, para evitar que fossem levantadas suspeitas contra os apóstolos, ela assinou no rodapé do pergaminho: "uma cidadã romana".

Ela preferiu deixar o pergaminho enrolado e laçado com barbante, para ter tempo de sair da cidade, antes que alguém o lesse. Sabia que alguém por curiosidade iria desenrolá-lo e não poderia prever quais seriam as reações. Montou no camelo e deixou a cidade.

Acostumada a meditar, enquanto o camelo percorria as longas distâncias, logo que deixou Jerusalém para trás, ela começou a repassar os ensinamentos de Jesus, já que, intencionava rever as pessoas por onde havia passado, para avaliar se havia alguma mudança de comportamento depois da morte de Jesus na cruz.

Àquela altura, contava ela com motivos suficientes para se sentir alegre e satisfeita por toda mudança que havia ocorrido até ali em sua vida e, principalmente, por ter conseguido levar os conhecimentos da Boa-Nova a vários recantos, um verdadeiro apostolado, num simples anonimato. Entretanto, bastava se lembrar de Danti, para sentir um aperto no coração e, logo em seguida, ser acometida de tristeza. E isso lhe ocorreu com bastante profundidade antes da sua chegada a Emaús, a ponto de pensar em mudar os rumos planejados, retornar a Jerusalém e de lá só sair quando o reencontrasse. Entristecida e desanimada, parou o camelo embaixo de uma árvore e começou a sussurrar:

– Grande Deus, ajuda-me a compreender a razão desse sintoma desagradável!

Em seguida, ela voltou a repassar tudo que havia ocorrido entre ela e Danti, até quando Jesus lhe dissera que ela encontrar-se-ia durante um período da sua vida, entre o amor e a espada. Prosseguiu repassando o que ouvira de Jesus, lembrou-se que ele lhe dissera também, que "a verdadeira vitória era a que provinha de ações do amor" e se convenceu de que havia dado provas disso, ao se sentir vitoriosa depois de vencer dificuldades diversas na divulgação da Boa-Nova. Entretanto, apesar de motivar centenas de pessoas a mudarem o comportamento, com base nos ensinamentos de Jesus, não havia conseguido fazer o mesmo com aquele, com quem um dia, cheia de esperança e alegria, unira a sua vida.

Ainda embaixo da árvore, ela passou a se perguntar:

– Será que eu me enganei? O Raboni disse que o primeiro mandamento era amar a Deus sobre todas as coisas e o segundo, que era igual ao primeiro, amar ao próximo como a si mesmo. Não é Danti, também, filho de Deus? Não disse o Raboni que não veio para curar os sãos, mas sim os doentes? Acho que me enganei, pois neste momento, Danti pode ser considerado um desses doentes que o Raboni se referia e eu estou aqui, me distanciando cada vez mais dele, deixando-o para trás.

Puxou a rédea do camelo, fazendo-o voltar, mas quando havia percorrido apenas alguns metros da estrada, lembrou-se das prováveis repercussões que causaria o pergaminho deixado no templo e, também, do que lhe dissera Simão Pedro, em relação à preservação de uma vida dedicada ao bem, como era o seu caso e preferiu seguir em frente. Na trajetória, passando pelos mesmos lugares e visitando as mesmas pessoas de antes, Thaisis, que tinha a intenção de verificar os efeitos das suas ações, percebeu com tristeza que muitos dentre os que aparentemente haviam aceitado Jesus como o prometido, anunciado pelos profetas conforme as "escrituras", já não demonstravam a mesma crença, por causa do gênero de morte de Jesus, o qual era somente imputado aos criminosos. Por isso, ela acabou sofrendo dos mais exaltados, incompreensíveis agressões morais e também físicas. Ainda assim, ela estava satisfeita, porquanto, o número dos que haviam reagido positivamente, era bem maior.

Assim, após meses de viagem, ela chegou à Galileia, como era a sua intenção. Depois de procurar uma hospedaria, sem ao menos descansar da longa viagem, seguiu na direção da moradia do casal Absalon e Ashira. Em lá chegando, soube com pesar da morte do ancião e que Ashira, abatida pela tristeza, se encontrava enferma.

– Oh, filha do meu coração – disse a anciã, sem se furtar a um sorriso de contentamento ao ver Thaisis e aproveitou para um desabafo – meus dias têm sido longos e tão cheios de saudades, que sequer mantive a disposição de antes, para continuar servindo aos meus pobrezinhos.

Para não agravar ainda mais a situação de Ashira, Thaisis não procurou saber particularidades sobre a morte de Absalon, embora se encontrasse sentida, a ponto de esconder as lágrimas que afloravam nos olhos, compreendeu que ali, o seu papel não era chorar com quem já vinha derramando lágrimas, mas sim, enxugá-las e tratou de conduzir a conversa a outro sentido, se prontificando a dar assistência aos pobrezinhos da boa anciã.

Demonstrando satisfação, Ashira perguntou com um sorriso entre os lábios:

– Faz isso mesmo, filha, para mim?

– De todo coração!

Depois de refletir por instantes, Ashira ponderou:

– É pena que você está de passagem e eu sinto que a minha hora está chegando. Que será então de todos os meus pobrezinhos?

– A minha permanência aqui poderá ser breve ou longa, a depender da necessidade.

Depois de convidar Thaisis para se sentar ali mesmo na cama, junto a ela, Ashira passou a falar sobre um assunto que muito lhe interessava:

– Não me lembro se já lhe disse que eu e Absalon não tivemos nenhum filho.

Como Thaisis permaneceu em silêncio, Ashira prosseguiu no assunto:

– Os nossos parentes, que poderiam estar na qualidade de herdeiros, nem sei se ainda vivem, se morreram ou por onde andam, já que saímos da Grécia há muitos anos e perdemos o contato com todos eles. Lembro-me de um primo, bem próximo, que se mudou para Roma, e tinha uma filha, ainda criança. Ele se chamava... Oh, estou esquecida... Lembrei-me! Era Nicolas e a sua esposa Isadora.

– A senhora se lembra dos nomes completos?

– Nicolas e Isadora Stephanidis.

– Mas estes são os nomes dos meus pais! – exclamou Thaisis, cheia de surpresa e completou – eles residiam, antes de se mudarem para Roma, em Atenas.

– Então Thaisis, você é nossa herdeira, já que é filha de um parente bem próximo de mim. Entretanto, há uma condição que devo deixar clara: que você ampare os necessitados. Não significa que você deva ficar aqui toda vida por causa disso, pois entendo que saberá o que fazer.

Ashira silenciou e Thaisis também, já que aquela proposta vinha de encontro aos seus planos, pois, embora os seus pais fossem detentores de bens materiais, ela era totalmente desprovida de qualquer interesse em riqueza material, principalmente ali, depois de haver encontrado os verdadeiros bens que *a ferrugem não destrói e nem os ladrões roubam,* conforme dissera Jesus e, além disso, pretendia retornar a Roma. Mas depois de alguns minutos de silêncio, Ashira voltou a falar:

– Quero muito que você procure, o mais breve possível, as autoridades competentes para tratar deste assunto, pois desejo assinar, ainda em vida, a documentação.

– Sim – respondeu Thaisis, depois de ter encontrado uma solução conciliadora e viável para os seus planos.

Naquela mesma semana, ela procurou pôr tudo em ordem, de acordo ao interesse de Ashira, mas com um detalhe: logo que Ashira assinou os documentos passando todos os bens para Thaisis, ela solicitou o registro de uma organização social, com o nome de Mansão do Amor ao Próximo, para onde destinou toda a herança. Quanto a ela, seria, doravante, apenas uma administradora da obra, responsabilidade que poderia ser transferida para qualquer pessoa por ela escolhida.

Para os afazeres domésticos havia empregados que cuidavam zelosamente de todas as atividades. Entretanto, a partir daquele dia, Thaisis tomou para si todo cuidado para com Ashira. Dois meses depois, a aparência da anciã demonstrava o agravamento da saúde, mas Thaisis, como uma filha devotada, não saía de junto do leito, a não ser durante as horas em que se dedicava à assistência aos necessitados. Numa sexta-feira à tardinha, ao retornar à casa, percebeu que havia alguém na biblioteca, local preferido de Absalon. Embora tenha lhe despertado curiosidade, preferiu ir direto ao aposento de Ashira para prosseguir a assistência constante que vinha prestando, sem se deter para qualquer tipo de curiosidade. Entretanto, antes de entrar no quarto, viu, bem a sua frente, Absalon que disse sorridente:

– Não fiz outra coisa, desde que Ashira enfermou a não ser pensar e chamar você pelo pensamento. Quero dizer que aprovo com muita satisfação a decisão de Ashira, passando ao seu poder justo e merecido, os bens materiais que acumulamos durante muito tempo.

Sem conter a curiosidade, Thaisis aproveitou uma pausa feita por ele e perguntou:

– Por que o senhor ainda está aqui se já passou pela morte?

Absalon respondeu, como sempre, tranquilo:

– Não imagine que o motivo seja apego aos bens materiais! Logo depois do meu desligamento do corpo físico, fui conduzido ao local onde deverei permanecer, segundo a vontade de Deus. Mas há alguns dias estou aqui, aguardando para levar Ashira comigo, pois já fui informado que ela vai ficar no mesmo lugar onde me encontro e isso me enche de alegria.

Depois da conversa com Absalon, em espírito, Thaisis percebeu que o estado de Ashira havia piorado. Sentou-se na beira da cama e começou a passar a mão na cabeça da anciã que, aos poucos foi se acalmando e dormiu.

– Antes do dia amanhecer, a levarei comigo! – disse ele contente.

Thaisis olhou na direção de onde tinha vindo o som da voz e viu, novamente, pela mediunidade de vidência, Absalon, como sempre, sorrindo. Antes de surgir as primeiras estrelas no firmamento, Ashira deu o último suspiro. Naquele mesmo momento, Absalon se aproximou mais uma vez de Thaisis e disse-lhe:

– Deixarei definitivamente esta casa logo que ela for liberada, – falou se referindo à esposa e prosseguiu explicando – você precisa saber de determinadas particularidades. Por exemplo, do porão, onde há uma arca contendo muitas joias preciosas. Apesar de termos vendido quase a metade delas e usado o dinheiro na aquisição de donativos para os necessitados, asseguro que o restante ainda pode ser considerado uma fortuna. Há uma porta, cujas chaves se encontram numa gaveta da peça talhada em madeira, na biblioteca. Abra a citada porta e lá, no pequeno compartimento, você vai encontrar um baú cheio de dinheiro. Mas seja cuidadosa, pois os olhos da cobiça e da ganância encontram-se à espreita. Portanto, não confie e nem desconfie sem motivo justo, mas guarde silêncio.

Vendo Thaisis com os olhos cheios de lágrimas, ele disse-lhe:

– Não chore por nós, pois quis Deus que deixássemos o corpo envelhecido, mas ele mesmo nos ofertará mais tarde, outro, quando começaremos um novo ciclo de experiências. É assim que a vida segue o seu rumo. Estamos em paz, já que guardamos

no coração as palavras de Jesus, quando nos disse: *eu vos dou a minha paz, não como o mundo vo-la dá.*
Fez uma pequena pausa e disse:
– Adeus, filha do meu coração!
Thaisis desejou muito ver, pela mediunidade de vidência, o desligamento dos laços fluídicos que prendiam Ashira ao corpo físico, conforme havia acontecido com Ruth, mas preferiu cuidar dos preparativos para o sepultamento do corpo, por achar que a simples curiosidade em nada contribuiria. Ainda assim, antes do dia amanhecer, viu Ashira em sono reparador, sendo carregada pelos braços de Absalon, que não escondia a doce alegria que sentia.

Capítulo 16

Enfim, Roma

*Em toda disputa, há um vencedor. Mas a
verdadeira vitória é sempre a do amor.*

Dizzi Akibah

DEPOIS DE TRÊS anos na Galileia, Thaisis já havia consolidado a obra social Mansão do Amor ao Próximo, de acordo com o desejo de Absalon e Ashira. A sede que funcionava na antiga residência do casal foi transferida para uma casa de campo, providências tomadas em virtude das perseguições constantes de opositores da doutrina de Jesus. A casa já havia sido alvo de ataques como apedrejamento e os seus moradores, inclusive Thaisis, eram constantemente ameaçados por aqueles que cobiçavam os bens materiais nela guardados, como joias e dinheiro, conforme já narrado. Mas logo que o imóvel foi vendido, desapareceram os perseguidores e os avarentos. Reorganizada a instituição de caridade na tranquilidade do campo e sem mais qualquer receio,

Thaisis lembrou-se de Chaya Abi, a adolescente que quis acompanhá-la na primeira vez que ela havia passado em Emaús e resolveu ir ao seu encontro. Àquela altura, Chaya, que já contava vinte e um anos de idade, inspirada no exemplo de Thaisis, já havia prestado uma considerável contribuição à divulgação dos ensinamentos de Jesus, reunindo os jovens da sua faixa etária para o estudo do cristianismo iniciante. Ao ver Thaisis, a quem apesar de tanto tempo ainda alimentava o desejo de acompanhar, foi tomada de grande alegria e logo na primeira conversa, ao saber que ela se encontrava na Galileia e o que lá estava fazendo, Chaya disse convicta:

– Dessa vez vou com você! Já não sou mais a mesma menina crescida, conforme você mesma afirmou ao se despedir, deixando-me com o rosto molhado de lágrimas. Agora Thaisis, como percebe, já sou uma mulher e mesmo ainda jovem, não temo obstáculos quando se trata de seguir os ensinamentos do Raboni, pois nada mais me interessa.

– Vim te buscar para este fim, entretanto, não ficaremos juntas por muito tempo, pois preciso voltar a Roma, onde há muitos anos os meus pais, já envelhecidos, me aguardam a presença. Cinco dias depois, Chaya e um dos seus irmãos, por nome Bem Abi, que decidiu acompanhar a irmã, se despediram da família e seguiram com Thaisis, rumo a Galileia onde poriam em prática o sentimento de fraternidade despertado, desde quando passaram a conhecer os ensinamentos de Jesus.

Quatro meses depois de conscientizá-los das responsabilidades que iriam assumir e dos perigos que poderiam enfrentar, caso as perseguições voltassem a ocorrer, Thaisis despediu-se de dezenas de pessoas com quem cultivara amizade sólida. Entre abraços afetuosos e lágrimas, ela montou no camelo prometendo a todos que voltaria em alguns meses. Durante a viagem, ela estava com o íntimo leve e a consciência tranquila pelos deveres cumpridos. Mas logo que chegou a Cesareia, onde embarcaria para Roma, lembrou-se fortemente de Danti e decidiu retornar a Jerusalém, mesmo consciente dos perigos que poderia enfrentar por causa do manifesto escrito em pergaminho, que havia deixado no Templo, como já narrado. Puxou a rédea do camelo forçando-o a dar uma volta e seguiu destino a Jerusalém. Em lá chegando, foi direto à casa da amiga Joella.

– Voltei, pois, preciso saber de Danti. Por acaso você sabe se ele ainda reside na casa?

– Creio que não, porque o vi alguns meses depois que você esteve aqui, pondo os móveis da casa numa carroça, que foi e retornou algumas vezes, até quando ele fechou a porta e saiu.

– Você o viu de perto?

– Sim, Thaisis. Ele estava irreconhecível! Não parecia a mesma pessoa nem na aparência física, pois emagreceu muito e deixou a barba e os cabelos crescerem, e nem no jeito de ser, porque antes ele aparentava estar sempre agitado. Agora, no entanto, caminhava bem devagar e sempre de cabeça baixa. Depois disso nada mais eu soube sobre ele que, talvez, tenha retornado para Roma, pois certamente não está mais incorporado ao exército, porque não estava usando a farda.

Joella silenciou e Thaisis, com a mente povoada de lembranças, ia canalizando-as buscando um sentido lógico para tentar amenizar a carga de dúvidas que lhe dificultavam o discernimento. Depois de alguns minutos de silêncio, Joella, percebendo gotas de lágrimas rolando pelo rosto de Thaisis, abraçou-a fraternalmente falando:

– Gostaria de contar com as mais consoladoras palavras para amenizar o seu íntimo. Mas já que não as tenho, digo apenas que, enquanto ainda não encontramos o caminho, não devemos achar que estamos perdidos e por isso nos entregarmos ao desânimo, rota certa para o fracasso! Siga em frente, amiga, fazendo o bem do mesmo jeito que vem dando certo. Afinal, enquanto alimentamos a esperança, os ideais, continuam vivos!

Como se houvesse tomado uma injeção de bom ânimo e acordado para a realidade, Thaisis enxugou as lágrimas, sorriu e disse:

– É, você está certa, Joella! Eu tenho que ser mais realista e esquecer um pouco a fantasia que guardo, desde menina, quando meus pais contavam muitas histórias que tinham sempre um final feliz. Tenho que admitir que o nosso final, meu e dele, vem sendo tisnado pela sombra da tristeza, principalmente por nunca mais termos nos encontrado. É possível que você esteja certa de que ele tenha retornado para Roma. Assim... Além de estar ansiosa para ver os meus pais, desejo levar a Boa-Nova do Raboni, o mensageiro de Deus, a sequiosos de verdade e necessitados de consolo, o que não falta na capital do império onde a escravidão, a pobreza e a injustiça tornam ressequidos centenas de corações que se deixam conduzir pela revolta e pelo desânimo. Para estes males, Jesus apontou o amor, como único remédio.

Depois de uma pausa, ela perguntou interessada:

– E Simão Pedro, tem notícias dele?

– Soube que ele está viajando. O bondoso homem tem sido muito perseguido pelo bem que faz. Difícil de compreender.

– Joella, isso tudo não deixa de ser surpresa, mas para mim, previsível. Olhe para o meu rosto!

– Uma cicatriz! O que foi isso Thaisis?

– Uma pedrada! Olhe também os meus braços cheios de pequenas cicatrizes – falou, suspendendo as mangas da roupa.

– Quem lhe fez tamanha perversidade, amiga?

– Opositores de Jesus e fanáticos pelas leis mosaicas que ainda defendem "o dente por dente e olho por olho", quando o Raboni prega perdão e amor ao próximo.

– Mas você precisava mesmo passar por tudo isso, amiga?

– O que tenho feito por amor ao Raboni e à criatura humana supera tudo! Digo mais: nunca me senti tão corajosa e com fortes motivos de estar alegre e feliz, apesar da minha história com Danti.

Thaisis se despediu de Joella, convencida uma vez por todas, de que nada mais havia a fazer em Jerusalém. Montou no obediente camelo e seguiu para a Cesareia. Dias depois, com o coração aos pulos, tocou na porta da casa dos pais e, cheia de alegria, ouviu a voz de Nicolas que veio abrir-lhe a porta. Vendo-o depois de tanto tempo, pôs a bagagem no chão, colocou-o entre os braços e puxou-o para junto do coração saudoso. Ouvindo lá de dentro, a voz da filha, Isadora veio precípite ao seu encontro:

– Oh, filha, já pensávamos que a morte chegaria para nós antes de você retornar!

– Mãe amada, aqui estou e não sairei mais do seu lado!

Passadas as emoções, Isadora, como toda mãe, que ao menor sinal percebe de longe, quis saber:

– Retornou sozinha, e Danti?

– Mãe, esta é uma longa história que contarei depois que eu descansar da viagem. Adianto no entanto, pedindo que encarem com naturalidade, que há mais de cinco anos eu não o vejo.

– Eu lamento! – disse Nicolas impactado.

– Eu também – falou Isadora entristecida.

– As minhas condições íntimas não me permitiram continuar convivendo com Danti, que se deixou conduzir pela fama de guerreiro valente e essa fama era mantida pelo número de mortes causadas. Eu olhava para as mãos dele e não as via como mãos do trabalho que edifica e dignifica, mas mãos que matavam!

Fez uma pausa e concluiu:

– Mas a minha estadia naquela região longínqua, não foi somente desventura, pois muitas coisas boas ocorreram, as quais, além da superação, me proporcionaram momentos de alegria e ventura! Contarei tudo sobre isso, por se tratar da melhor parte! Peço, entretanto, paciência quando estiverem me ouvindo, pois se trata de uma longa história.

Foram muitos dias de conversa, principalmente sobre Jesus e as suas lições luminosas. No final, para a alegria de Thaisis, os pais, apesar do culto aos Deuses, como rezava a velha tradição tanto na Grécia, quanto em Roma, deixaram que as lições de Jesus encontrassem acolhida em seus corações. Entretanto, toda aquela alegria do reencontro não durou, pois Nicolas que já se encontrava com a saúde bastante abalada, para a tristeza de Thaisis, faleceu alguns meses depois. Isadora, por sua vez, com o abalo da morte do marido, enfermou e dois meses depois, Thaisis se tornara órfã, o que lhe abateu profundamente, a ponto de se isolar em casa, triste e desanimada.

Mas uma criada da casa, tentando consolá-la, começou a falar de Jesus, o que não deixou de ser uma surpresa agradável para ela, que considerava de grande importância o fato das lições luminosas de Jesus já haverem chegado à capital do império. Tanto que, tomada por um novo ânimo, ela fez um arrolamento dos bens materiais que os pais haviam lhe deixado a título de herança, se dirigiu à repartição competente e assinou um documento tipo procuração para Thalia, que há muitos anos havia chegado à casa na condição de escrava, mas que, anos depois, mesmo sendo liberta, preferiu prosseguir servindo com dedicação e lealdade aos donos da casa. No documento Thaisis deixou claro que, no caso da sua morte, a Thalia caberia metade dos bens e a outra metade ficaria para Danti. Mas se por acaso ele também viesse a falecer antes da escrava liberta, todos os bens passariam a pertencer a ela.

Depois de assinado o documento e ter passado às mãos de Thalia, com a mesma disposição com que havia dado início ao trabalho de levar ao longo dos caminhos os ensinamentos de Jesus, Thaisis passou a frequentar os subúrbios de Roma, onde residiam os mais pobres, carentes e sofredores, levando-lhes, além da consolação, o conforto íntimo que a esperança enseja. Em pouco tempo já havia criado grupos de seguidores da Boa-Nova, seguindo a mesma linha de trabalho silencioso, sem alarde e sem ostentação, não por receio em relação a sua integridade física, mas sobretudo, por ter levado a sério a indicação de Jesus, de fazer com a mão direita o que a esquerda não visse. Deixou a sua presença marcante na história de centenas de vidas, cujos rumos foram modificados pela sua palavra, pelo seu exemplo e pela sua benéfica influência.

Assim, o tempo foi passando e ela, cada vez mais ampliando as suas ações e aumentando, rapidamente, o número de pessoas que se interessavam pela nova doutrina. Mas, no que pesava toda a sua ocupação e a alegria que sentia, por estar sendo útil em nome de Jesus, não conseguia esquecer Danti. Desejava muito que ele, pelo menos, estivesse entre aqueles que a ela se uniam no mesmo ideal. Achava que a sua história ao lado dele poderia ter sido diferente e por estar convicta disso, não se excluía da responsabilidade que lhe achava cabível e por isso gostaria de reencontrá-lo para pedir perdão e dizer que o havia perdoado pelas ameaças que, na época, tanto lhe amedrontaram. Enfim, o que ela desejava, mesmo, era a reconciliação, pois já não havia espaço no seu coração para qualquer outro sentimento que não fosse o amor.

Capítulo 17

ROMPENDO AS FRONTEIRAS DO ÓDIO

> *Se o ódio é treva, o amor é luz. E onde chega a luz desaparece a escuridão.*
>
> **Dizzi Akibah**

EMBORA O ACIRRAMENTO das perseguições aos cristãos e o medo que sentia, pois lhe faltava ainda convicção e fé em Deus, Danti prosseguia servindo à Casa do Caminho, em Jerusalém. Entretanto, Simão Pedro, que já vinha há algum tempo observando, chamou-o para a seguinte conversa:

– Noto que você vem perdendo a tranquilidade adquirida nos labores desta casa e penso que a causa se encontra no medo das perseguições que estão, a cada dia, mais desenfreadas. Estou certo ou se trata de um engano?

– Está certo, bom homem! Entretanto, compreendo que, por mais que eu venha a ser maltratado e por muito que me façam sofrer, ainda será pouco ante os meus delitos, pois reconheço que sou um réprobo e que somente uma morte cheia de sofrimentos, poderia tranquilizar um pouco a minha consciência... Mas tenho medo! Falta-me a confiança em Deus, embora os dignificantes exemplos que pude observar no seu comportamento e no modo de agir, bom homem!

O apóstolo ouvia pacientemente o ex-soldado do exército de Roma, que havia ajudado na crucificação de Jesus e logo que ele fez uma pausa, disse-lhe:

– Meu filho, não é você e nem sou eu quem deve julgar os seus merecimentos. Quanto a uma morte cheia de sofrimento, conforme você se refere, nem sempre reflete positivamente quando é desejada, pois isso é com a justiça de Deus, que é perfeita.

Depois de uma breve pausa, o apóstolo prosseguiu:

– Não posso e nem devo dizer qual seria a sua melhor atitude: permanecer ou retornar a sua pátria, no caso, Roma. Entretanto, como ainda lhe falta a convicção e confiança irrestrita no Raboni e em Deus, é possível que você não esteja preparado para morrer. Melhor então, é que preserve a sua vida e faça todo bem que estiver ao seu alcance.

Depois de alguns minutos de silêncio, Danti obtemperou:

– Nesse caso, bom homem, eu devo deixar Jerusalém, mesmo porque até o exército já me descobriu aqui. Temo cair nas mãos daqueles que antes foram companheiros, mas que agora, veem-me na qualidade de inimigo traidor. Sinto que será muito difícil deixá-lo, pois, excetuando os meus pais, dentre todas as pessoas que conheci até o momento, não encontrei compreensão e bondade do jeito que venho desfrutando na sua companhia.

– Ora, meu filho, agradeço pelas palavras, mas peço que me permita não aceitá-las como verdadeiras, porquanto há muitos corações ricos de bondade e muitas mentes cheias de sabedoria que, sequer mereço desfrutar das suas presenças. Sou e vivo ainda como todos os homens e todas as mulheres do mundo, caindo, levantando, chorando e lamentando em busca de algo que ainda não fiz por merecer. Estou ainda como o cego que vislumbra pela primeira vez a claridade. A claridade a que me refiro, no meu presente caso, é a luz do amor do Raboni, que me tirou da densa escuridão em que eu vivia. Agora, tento, empreendendo todo esforço possível, mantê-la acesa. Mas para que isso aconteça, é preciso não usá-la somente em meu próprio benefício, pois ao acendermos uma tocha, devemos fazê-la para clarear, além do nosso, o caminho que tantos outros tentam percorrer.

Alguns dias depois, com os olhos lacrimejando, o ex-guerreiro do exército de Roma, abraçou o apóstolo e disse-lhe cortando a voz por causa da emoção:

– Se há vida após a morte, conforme a sua informação, depois que eu fechar os olhos para este mundo, levarei comigo uma grande dívida de gratidão por tudo que o senhor fez por mim!

– Nada a agradecer – disse Simão Pedro, que não conseguiu esconder na fisionomia branda, que demonstrava naquele momento, a emoção que sentia.

– Em suas orações, recomende-me ao Raboni e diga-lhe que eu estou muito arrependido e com o coração apertado por ter contribuído para a sua morte na cruz.

Além de oferecer a Danti, um camelo que havia ganho de presente, Pedro pôs nas suas mãos uma pequena bolsa de couro, contendo moedas, mas ele não aceitou:

– Este dinheiro, bom homem, será muito mais útil se transformado em alimento para os enfermos.

Em seguida, montou no camelo e disse acenando:

– Adeus, bom homem! Jamais o esquecerei!

Logo que Danti desapareceu numa curva da estrada, começaram a desfilar na mente de Simão Pedro, todas as lembranças, desde o dia em que Danti havia lhe procurado, se identificado como romano e ex-integrante do exército de Roma; revelado que havia participado da crucificação de Jesus, o que lhe causara, na oportunidade, um forte impacto; da doação que ele fizera à Casa do Caminho, de todo rico mobiliário que lhe pertencia, da sua dedicação para com os doentes e pensou cheio de satisfação:

"Valeu a pena não tê-lo expulsado da minha presença, como foi o meu primeiro ímpeto quando ele disse que havia ajudado a crucificar o Raboni. Valeu a pena, não só para ele, mas sobretudo para mim, pois a prudência, a paciência e o amor, são armas eficientes para quem busca vencer a si mesmo."

Sorriu contente e voltou para os afazeres, junto aos enfermos.

Já, Danti, por sua vez, seguia estrada afora, ainda sem ter ideia de onde chegaria, pois não havia traçado nenhum roteiro. Entretanto, mantendo ainda o mesmo desejo de rever Thaisis, para lhe pedir perdão, pensou:

"Oh, bem que eu poderia ter aceito a bolsa que o bom homem me ofereceu e seguir direto para Roma, pois creio que a essa altura, Thaisis já deve ter retornado para os seus pais. Não posso morrer antes de lhe pedir perdão, pois reconheço quanto fui rude e maldoso!"

Com esse pensamento, ele tomou a direção de Samaria e prosseguiu, de tal forma, que sequer percebia por onde estava passando, pois o fato de estar se distanciando dos quadros de dor e de sofrimento dos enfermos que chegavam à Casa do Caminho, era motivo de se sentir livre para pensar em outras coisas e na sua mente, naquele momento, não havia espaço para outra preocupação que não fosse Thaisis. Assim, quando se deu conta, já estava chegando à Samaria. A sua primeira ideia era tentar descobrir onde havia algum agrupamento de cristãos, se houvesse, pois nem isso ele sabia. Numa pequena praça, amarrou o camelo, sentou-se no chão e recostou no tronco de uma árvore para descansar, e logo o sono venceu-o. Logo que dormiu, em sonho (desdobramento natural pelo sono), ele viu se aproximando mais de uma dezena de espíritos desencarnados e o que vinha à frente, falou a toda voz:

– Oh, perverso romano! – ele tentou recuar, mas o espírito raivoso prosseguiu vociferando – está com medo? Que é da sua valentia, guerreiro? Tirou a nossa vida, agora nós queremos a sua! Vai pagar com a mesma moeda!

Horrorizado, Danti tentou retornar ao corpo físico, mas um, dentre eles, segurou-o pelo braço e os outros começaram a agredi-lo. Apesar do momento difícil que se defrontava, ele lembrou-se de Pedro, apóstolo, em seguida de Jesus e falou quase aos gritos:

– Oh, Raboni, tem compaixão de mim!

Voltou ao corpo físico e despertou trêmulo:

– Que sonho horrível! Agora eu posso crer que há vida depois da morte, como disse Pedro, o bom homem. Eu os matei, mas eles continuam vivos e me ameaçando! O que será de mim?

No dia seguinte ele continuava embaixo da árvore. Cheio de desânimo, não se sentia encorajado a sair, pedir água e comida, já que estava sedento e com muita fome. As pessoas passavam, viam-no ali prostrado, mas ninguém parava para saber das suas necessidades. Mas já que, onde quer que esteja, ninguém está sozinho, uma mulher que ia passando, ao vê-lo, se aproximou e perguntou:

– Desde ontem, neste mesmo lugar?! Você está doente?

– Não, senhora! Estou sem lar, sem pão e sem qualquer recurso para suprir as minhas necessidades.

A mulher saiu e meia hora depois, retornou levando água e um prato de comida.

– Agradeço, de todo coração, pelo seu gesto de bondade.

– Ora, isso não é nada, já que é sempre proveitosa a prática de uma boa ação, como a história do bom samaritano, que uma pessoa me contou. Quer ouvir?

Danti, cheio de surpresa e contente por ter encontrado alguém que adotava os ensinamentos de Jesus e, mesmo já conhecendo a parábola, pois Simão Pedro havia lhe contado, respondeu:
– Sou todo ouvidos.
Terminada a narração, ele perguntou:
– A senhora sabe quem contou essa história pela primeira vez?
– Eu sei, mas... desculpe! Não devo falar, já que estou conversando com um desconhecido e é sempre bom ter cuidado, por causa das perseguições que estão acontecendo.
– Não foi o Raboni da Galileia?
– Como você sabe disso? – perguntou ela, demonstrando surpresa.
– Eu sei muito mais do que isso!
– Acredita que ele foi um enviado de Deus? – perguntou ela, interessada.
– Antes não. Mas agora eu acredito, pois a razão me demonstra isso.
O diálogo sobre Jesus prosseguiu animadamente e foi ela que o concluiu:
– Eu faço parte de um grupo de seguidores do Raboni. Se você quiser participar...
– Gostaria muito – respondeu Danti.
Depois da rápida refeição, ela falou:
– Venha comigo! Vou lhe apresentar a pessoa que criou o grupo.
Depois de uma boa caminhada, ela bateu numa porta e falou aumentando o volume da voz:
– Paz contigo!
A porta foi aberta, e ela disse sem perda de tempo:
– Ele é como nós, seguidor do Raboni, mas está sem alimento e sem pouso. Que poderemos fazer por ele?

A dona da casa, em vez de mandá-los entrar, saiu porta afora e depois de olhar atentamente para Danti, perguntou à visitante:
– Você sabe quem é ele e, porque sendo ainda tão moço, está assim a mendigar?
– Não! Mas já que se trata de um seguidor do Raboni... Precisa saber mais alguma coisa?!
Enquanto as mulheres conversavam à parte, Danti, de olhos arregalados e mãos trêmulas, foi se aproximando. Ele percebeu que ela recuava assustada, mas ainda assim, ele foi se aproximando com a mão estendida para cumprimentá-la e se expressou com a voz cortada pela emoção:
– Dinah, perdoe-me! Em nome daquele que é todo amor, perdoe este réprobo que não vale mais que um verme!
Assustada, Dinah, que não o havia reconhecido, perguntou:
– Moço, quem é você e o que me pede para perdoar?
Naquele momento, não havia nada na aparência de Danti que pudesse comparar com o seu porte anterior. Antes, ostentava vigor num corpo jovem e saudável. Ali, no entanto, estava raquítico, a tez do rosto macilenta, barba e cabelos crescidos e as suas vestes davam-lhe uma aparência de alguém que realmente estivesse vivendo na pobreza extrema, conforme se expressou a dona da casa. Toda aquela mudança radical se deu inicialmente, pela fuga de Thaisis, quando ele se deixou conduzir pela revolta e pelo ódio, logo depois, por causa do remorso de haver ajudado a crucificar Jesus e ter descoberto, logo em seguida, que o Mestre não era quem ele imaginava e, consequentemente, a inocência de Thaisis. Por último, as noites em claro e o trabalho exaustivo a que se submetera de livre vontade, ao lado do apóstolo Pedro, na Casa do Caminho, cuidando de dezenas de enfermos.

O diálogo prosseguiu com a resposta da pergunta feita por Dinah:

– A perseguição e a bofetada que desfechei em seu rosto, antes de detê-la como ladra!
– Não! Não, meu Deus, não pode ser verdade! Danti?!
– Sim, Dinah! Eu não conseguiria amenizar a minha consciência se não lhe encontrasse para pedir perdão, o que faço agora, apelando à sensibilidade do seu coração.
– Eu tenho que acreditar em você, porque do contrário, vou imaginar que estou perdendo o juízo!
– Se você aceitar a oportunidade de ouvir o que eu quero dizer e me observar, acreditará em mim.
Embora o abalo emocional e a desconfiança, Dinah respondeu:
– Venha, entre!
Depois de se sentarem, ela disse cheia de expectativa:
– Sou toda ouvidos.
Ele, então, começou a narrar:
– Depois que ajudei a crucificar o Raboni...
Contou tudo, em detalhes, sem nada esconder e concluiu perguntando:
– Já pode me perdoar?
Dinah começou a chorar e, assim mesmo, com o rosto banhado por insistentes lágrimas, abriu os braços e enlaçou o inimigo de outrora, falando:
– Sim! E agradeço ao Raboni pela lição do perdão, pois acabo de remover do coração o desejo de revidar a bofetada! Sim, Danti, está perdoado setenta vezes sete vezes, como disse o Raboni, pois acredito que os nossos corações jamais entrarão em choque, porquanto, esvaziados do ódio, poderão se transformar em vasos do amor. Creio que, a essa altura, como eu mesma, você já esteja procurando o caminho, a verdade e a vida!
Conversaram muito mais, falaram sobre Thaisis e, no final da longa conversa, ela explicou que não poderia mantê-lo ali na sua casa, pois vivia sozinha; que ele, por enquanto, ficaria num

pequeno salão, onde faziam as reuniões do grupo; que ele precisava arranjar uma atividade para sobreviver, enquanto permanecesse em Samaria, porque ela o ajudaria com a alimentação nos primeiros dias, mas que não achava justo trabalhar para sustentar um homem.

Ela falou com a mesma franqueza de sempre, o que acabou desobstruindo o mútuo receio, pois, tanto ele quanto ela acabaram sorrindo.

– Considero-me tecelão, pois aprendi a arte com um homem que conheci na Casa do Caminho. Por isso fique tranquila que logo, logo, estarei me sustentando.

Eram os ensinamentos de Jesus surtindo os efeitos desejados: o perdão das ofensas, o amor sobrepujando o ódio, pois tomando como exemplo as mãos do personagem Danti, que antes feriam e geravam sofrimento e que mais adiante passaram a curar feridas, levantar caídos... concluímos que é sempre o amor servindo de remédio para todos os males morais.

A passagem de Danti por Samaria não foi longa, mas significativa para sua vida, pois contando com o apoio de Dinah e todos os integrantes do grupo de seguidores das lições de Jesus, ele pôde compreender com mais lucidez a importância da missão do Mestre na Terra. Entretanto, logo que as perseguições aos cristãos, decretadas pelo imperador Nero, chegaram àquela cidade, Danti se lembrou da recomendação do apóstolo Pedro de que seria mais útil a preservação da sua vida, já que não se encontrava, ainda, em boas condições para morrer, pegou o dinheiro que havia ganho trabalhando como tecelão e seguiu para Roma. O seu maior interesse era se encontrar com Thaisis, pois, apesar de tantos anos sem vê-la, não conseguia tirá-la da mente. Entretanto, logo que chegou à capital do império e tomou conhecimento de que as perseguições aos cristãos já eram algo espantoso, aflito, se dirigiu à casa dos pais de Thaisis, onde foi informado por uma criada, da morte dos sogros e que Thaisis havia saído há cinco dias e não retornara ao lar.

Capítulo 18

Perdão recíproco

*Somente o perdão, como expressão do amor,
pacifica e harmoniza a vida.*
Dizzi Akibah

CONSIDERANDO A GRAVIDADE da situação imposta pelo imperador Nero Claudius Divi contra os cristãos, Thaisis, sentindo-se responsável pelos que a acompanhavam, já que muitos haviam aderido ao cristianismo depois de ouvir as suas preleções sobre as lições luminosas de Jesus, desativou os locais onde ocorriam os encontros e transferiu, como tantos outros cristãos que tiveram a mesma ideia, para as catacumbas (um conjunto subterrâneo de corredores e abrigos, utilizados para sepultamento). Mesmo sabendo que a cada dia, dezenas de cristãos eram presos e condenados à morte, principalmente em espetáculos horrendos no circo, Thaisis não se intimidava já que, por causa da sua admirável eloquência, era considerada por aqueles que lhe acompanhavam, uma líder do movimento cristão.

Numa terça-feira à noite, ela se encontrava ante dezenas de pessoas, expondo mais uma das lições luminosas de Jesus, quando foi surpreendida com um alarido na parte externa da catacumba. Ela parou de falar e sugeriu:

– Por muito que estejamos preparados para qualquer testemunho ante o Raboni, não devemos criar facilidades, pois tudo na vida deve ocorrer naturalmente e, por isso, peço que apaguem as tochas!

Apagaram as tochas, silenciaram, mas foi em vão, pois minutos depois o silêncio foi interrompido pela voz dos soldados aos gritos:

– Estão todos presos em nome do Império! Quem tentar reagir, não sairá com vida!

Thaisis soltou a voz em bom tom:

– Irmãos, já que aprendemos a pautar as nossas vidas dentro dos ditames das leis de Deus, de acordo com os ensinamentos do Raboni, obedeçamos às ordens do imperador. Não percam a fé, pois se chegou a hora do nosso testemunho, devemos ser leais ao mensageiro de Deus...

– Cale a boca! – gritou o comandante daquela tropa e chamando um dos soldados, ordenou:

– Vai lá e tapa essa boca ousada e malfalante!

O soldado se aproximou e desferiu uma bofetada que atingiu os lábios de Thaisis, de onde o sangue começou a escorrer. Ainda assim, ela pensou em deixar para os agressores, em poucas palavras, como benéfico revide, uma lição de vida ou simples semente do bem, que poderia mais tarde, quando o terreno dos corações estivessem menos áridos, germinar. Entretanto, lembrou-se de Jesus, quando da mesma forma havia sido agredido, também por soldados e disse a si mesma:

"Se ele que é tão grande e sábio experimentou, em silêncio, o açoite das mentes inconscientes e ainda enegrecidas pela ignorância, quem sou para não me calar?"

Depois de amarrados por cordas grossas e nós apertados, o triste séquito seguiu rumo à prisão. Em lá chegando, foram separados os homens das mulheres, o que foi um momento de muita emoção, já que pais e filhos, esposas e esposos, se despediam em lágrimas, pois sabiam que não mais voltariam aos seus lares. Entretanto, não se queixavam, não perdiam a firmeza, a convicção e a fé que haviam cultivado.

Danti, por sua vez, depois de informado da morte dos sogros e da ausência de Thaisis que havia saído e não voltara para casa, embora desconsolado, triste e por demais abatido, criou disposição de procurá-la. Depois de colher algumas informações, tomou conhecimento de que naqueles mesmos dias, dezenas de cristãos haviam sido detidos e, juntando a informação ao desaparecimento de Thaisis, achou que ela estaria entre eles. Assim, ele saiu de prisão em prisão perguntando, mas as respostas dos responsáveis pelos prisioneiros eram evasivas, como a que se segue:

– Ora, como vou saber quem é fulano ou fulana no meio de toda essa gente maluca que sequer se importa com a própria vida?!

Mas na última prisão que ele visitou, ao formular a mesma pergunta, o carcereiro respondeu:

– Não sei quem é. E mesmo que soubesse, não diria, porque não tenho ordem para tal.

– Peço a sua compreensão, pois se trata da minha esposa. Se ela estiver aí, permita-me pelo menos dizer adeus!

– Não tenho ordem, já disse! Se você quer vê-la pela última vez, vá ao circo amanhã. Se ela foi detida, conforme você imagina, certamente estará lá.

Triste e desanimado com a vida, Danti saiu dali decepcionado com o império que tanto defendera enquanto soldado do exército:
— Quanta injustiça, oh Raboni! — logo que terminou de falar o nome de Jesus, passaram a desfilar na sua mente, imagens da crucificação. E sentindo um forte abalo emocional, falou com os olhos cheios de lágrimas:
— Perdoe-me, senhor, pois sequer mereço falar o seu nome!
Se ele houvesse demorado, pelo menos mais alguns minutos, poderia ter visto Thaisis. Um pouco depois que ele saiu, ela passava pelo mesmo local, conduzida por um soldado. O centurião que se encontrava de plantão havia suspeitado, pelas roupas que ela vestia, se tratar de uma cidadã romana e por isso mandou levá-la à sua presença:
— Suspeito, pelas suas vestes, que você é uma cidadã romana. Estou certo ou se trata de um engano?
— Suas suspeitas são corretas — respondeu ela.
— Não desejo saber em quais circunstâncias você foi detida, mas, apenas, que me diga: você acha justa ou injusta a sua prisão?
— Quem me julga é Deus, com a sua justiça incorrupta. Entretanto, sob o meu ponto de vista, em relação à verdade, afirmo que é injusta, não só a minha, mas a prisão de todos que se encontram detidos pela mesma causa.
— Não responda pelos outros, pois eles não me dizem respeito! — exclamou autoritário e prosseguiu o interrogatório: — Mas, por acaso, você está sendo acusada de algo que não praticou?
— Estou sendo acusada pelo bem que venho praticando, em nome do amor.
— Compadeço-me com a condenação à morte de uma cidadã romana, entretanto, você mesma dificulta! Diga-me com sinceridade: você se julga culpada ou inocente?
— Se fazer o bem, respeitar as leis, servir em nome do amor aos necessitados e sofredores, fossem erros, eu diria que sou cul-

pada. Mas já que estas ações, ao invés de erro, são virtudes, eu e todos os que estão sendo condenados somos inocentes.

– Você continua falando pelos outros. Por que não pensa em você mesma, por acaso não teme a morte?

– Pensar tão somente em mim, além de denotar obscuridade, estaria me manifestando contrariamente ao *amor a Deus sobre todas as coisas e ao próximo como a si mesmo*, ensinamento do Raboni da Galileia. E sobre o temor da morte, ele deve se encontrar entre os que têm a consciência pesada, por injustiças praticadas. Eu, porém, estou em paz, sem temor e sem receio, pois o bem que pratiquei em nome do Raboni, que em si mesmo é uma expressão do amor, será o meu salvo-conduto, não para me livrar da morte, mas para deixar o mundo de cabeça erguida e consciente de ter praticado, dentro das minhas possibilidades, os deveres que assumi ante o Raboni e a minha consciência.

– Lamento muito! Acho que você e todos que estão presos foram acometidos de repentina loucura! Aconselho cidadã romana, para o seu próprio bem e também para a minha tranquilidade, a abdicar desse Jesus, sendo isso o único meio a essa altura, de evitar a morte e me proporcionar segurança no cumprimento dos meus deveres, pois gosto de pôr à frente das minhas decisões a razão e a verdade.

– Negar o Raboni é negar a mim mesma! Prefiro a verdade, já que ela se origina no Pai Criador de todos os seres e de todas as coisas! Se nego o Raboni, que é um enviado de Deus, nego também, as minhas próprias convicções. E assim, reafirmo, estaria negando a mim mesma.

– Lamento! Mas se daqui até o meio dia de amanhã, você quiser voltar atrás, mande-me um recado pelo carcereiro e eu restituirei a sua liberdade.

– Agradeço pelos seus cuidados e peço a Deus pela sua paz e a felicidade da sua família.

– Leve-a de volta – falou o centurião, constrangido, ao soldado.

No dia seguinte, Danti, apático e desfigurado, chegou ao circo e sentou-se na parte mais baixa das arquibancadas, de onde poderia ser ouvido por Thaisis, caso ela realmente estivesse entre os que haviam sido condenados à morte, como era o seu pensamento. Nessa dolorosa expectativa, momentos depois de alguém ter anunciado a entrada dos condenados à morte na arena, com o coração pulsando acelerado, ele identificou Thaisis entre as dezenas de cristãos entrando na arena. Cheio de indignação e revolta, Danti se levantou e olhando na direção do local onde se encontravam as autoridades do império, falou com toda a sua potência vocálica:

– Isto é uma vergonha! Isto é uma vergonha!

Ao repetir a frase, o alarido foi cessando e despertando a curiosidade. Ele então, percebendo que seria ouvido por todos, elevou ainda mais a voz e falou aos gritos, impulsionado pelo desespero e horror que sentia:

– O império romano é injusto, perverso e criminoso! Como condenar inocentes à morte? Essa atitude injustificável permanecerá na história de Roma como uma mancha que jamais desaparecerá! Virão séculos ou milênios e a história continuará narrando a perversidade e o desmando do império e do atual imperador!

Uma voz autoritária soou do local onde se encontravam as autoridades:

– Guardas, prendam este homem e se ele resistir à prisão, matem-no!

Os guardas, devidamente armados e aparentemente preparados para manter a ordem, foram descendo na direção de Danti. Um deles se destacou dos outros e tomando a frente, se aproximou e, apontando uma lança, gritou:

– Está preso indolente e não reaja se não quiser morrer!

Danti, que havia se especializado, além do uso das armas, em lutas de defesa pessoal, conseguiu derrubar o guarda que, na

queda, derrubou a lança ao chão. Danti pegou a arma e rapidamente apontando-a para o guarda, gritou:
— Dê-me a espada ou morre aqui mesmo!

Numa mão a lança e na outra a espada, o valente guerreiro de outrora, antes que fosse imobilizado pelos outros guardas, jogou as armas na arena e deu um salto gigante. Caiu, rolou pelo chão, mas de pronto se reergueu, pegou as armas e se aproximando de Thaisis, falou numa entonação que dava para se perceber a expressão do sentimento que, naquele momento, dominava todos os seus sentidos:

— Thaisis, sou eu, Danti! Perdoe-me, eterna amada do meu coração!

— Oh, Danti!, em que circunstância se dá o nosso reencontro tão esperado por mim!

Depois de silenciar por instantes, por causa da emoção, ela voltou a falar:

— Eu necessito também do seu perdão para poder pacificar o meu íntimo! Quanto a você, já o fiz, há muito tempo! Saiba que continuo te amando e comigo levarei este sentimento! Mas peço que saia daqui imediatamente, já que você não foi convidado a este sacrifício, em prol do cristianismo e pelo Raboni!

— Não, Thaisis! Olhe aqui! — falou mostrando a espada que segurava fortemente. — Lutarei até a morte, você não deve morrer porque, além de não merecer, a sua vida tem sido um bem para milhares de pessoas!

Thaisis, ao ver a espada, lembrou-se do que lhe dissera Jesus e respondeu:

— Não, Danti! Em vez de preservar a minha vida por uma espada, prefiro morrer por amor a Deus, ao Raboni e ao próximo como a mim mesma, pois...

Foi interrompida com os gritos da plateia:
— Os leões, soltem os leões!

Capítulo 19

SOB A LUZ DO AMOR

O amor se faz luz e a luz clareia os caminhos da vida.

Dizzi Akibah

THAISIS SE AJOELHOU no chão, enquanto Danti ficou na expectativa, segurando firmemente as armas para lutar contra os leões famintos. Os encarregados pela soltura dos leões, vendo Danti de espada e lança em punho, entenderam que ele se encontrava disposto a lutar contra as feras. Curiosos e na expectativa do que poderia ocorrer, em vez de todos os animais famintos, conforme programação do espetáculo, soltaram apenas um leão. Vendo o animal, Danti foi encontrá-lo, antes que ele atingisse os cristãos. Diante da fera que entrava rugindo, ele se posicionou para combatê-la. Ao primeiro ataque ele conseguiu driblar o animal, esperando a oportunidade de atirar a lança num ponto mortal, o que não demorou a acontecer, pois conseguiu enfiá-la boca adentro do animal, que deu um rugido e caiu. Com a espada, ele deu um golpe fatal. Àquela altura, a luta de Danti contra a fera tornara-se uma atração para a plateia que, ao ver o leão abatido, gritava e aplaudia, pedindo bis.

Danti, por sua vez, gritou com toda potência da voz:

– Thaisis, fuja antes que seja tarde!

Mas ela continuava ajoelhada no chão, de olhos cerrados e em prece:

> – Raboni, eis-me aqui, prestes a deixar este mundo. Não peço para me livrar da morte, mas sim, por todos que se assemelham àqueles que, como tu mesmo disseste do alto da cruz, "Pai, perdoa-os, eles não sabem o que fazem", também estes que nos perseguem por amarmos a ti e ao cristianismo nascente, guardam semelhanças aqueloutros que te conduziram à cruz. Quanto a mim, e todos que aqui se encontram, doce Raboni da Galileia, peço apenas que não nos deixe fraquejar...

Ouviu-se os rugidos de mais de uma dezena de leões africanos, disparados na direção das suas vítimas. Danti se aproximou de Thaisis, decidido a defendê-la e novamente com a lança e a espada em punho, se posicionou, mas sequer teve tempo de se defender, pois uma patada de uma das feras, derrubou-o e... Nem é preciso narrar o que aconteceu.

Antes de terminar a prece a Jesus, Thaisis percebeu, depois de enlaçada por dois braços luminosos, que estava sendo afastada do ambiente da arena, ficando para trás o corpo físico que, em instantes, seria alimento para as feras famintas. Desejou perguntar para onde estava sendo levada, mas não conseguiu, pois, acometida de repentino sono, adormeceu profundamente nos braços luminosos que a acolhiam. Naquele mesmo momento, os laços fluídicos que a ligavam ao corpo físico foram desatados e ela sequer percebeu a morte.

Todavia, logo que voltou à consciência e viu em sua frente a sorrir, o espírito que atendia pelo nome de Caridade, pediu-lhe que a levasse de volta ao ambiente da arena, pois desejava tomar conhecimento de como estavam reagindo os demais seguidores de Jesus que, como ela mesma, acabavam de perder o corpo físico. Atendida pelo espírito, ela viu, deslumbrada, um feixe de luzes descendo do alto e dando a forma a uma faixa luminosa, que banhava todo espaço da arena, onde dezenas de espíritos prestavam socorro aos desencarnados. Além disso, para completar a beleza do singular espetáculo, ouvia-se os sons de uma peça musical de rara beleza que enternecia os corações de todos que se encontravam em condições de ouvir.

Thaisis, ao ajoelhar-se novamente no chão, para fazer uma prece de gratidão a Jesus, viu em sua frente a sorrir, Ruth, a mãe pelo coração e junto a ela, na mesma condição, Absalon e Ashira. Olhou em volta e viu também Danti, ainda ligado aos restos mortais, estirado no chão como se houvesse perdido os sentidos e dirigiu o olhar para o espírito Caridade que, entendendo a sua intenção lhe disse:

– Não se aflija, pois ele também será socorrido, dentro do merecimento, resultado do trabalho que desenvolveu ao lado do apóstolo Pedro, na Casa do Caminho. Entretanto, além de não estar em condições de acompanhar, nem a você e nem aos outros que aqui se encontram, durante muito tempo deverá passar por um tratamento de conscientização sobre o respeito e o valor da vida como dom de Deus, até que esteja em melhores condições para o seu retorno ao mundo, onde deverá quitar os sérios débitos contraídos para com a divina lei. Entretanto, revigorado pelos bons princípios que cultivou ao lado de Simão Pedro, se persistir no propósito de seguir os ensinamentos de Jesus, poderá sim, se redimir.

– Eu vou poder vê-lo e ajudá-lo dentro das minhas possibilidades? Não se trata apenas de uma simples vontade, mas de um dever, já que não consegui cumpri-lo, conforme era a minha intenção.

– Sim, mas no tempo certo e no momento mais favorável. Não poderia ser diferente, já que, entre você e ele, foi estabelecido um laço que não será desatado, nem pela ausência e nem pelo antagonismo das intenções, conforme ocorreu nesta existência que acaba de se findar.

Fez uma pausa e, em seguida, retornou à explicação:

– O ódio liga temporariamente os que fomentam o litígio, enquanto que o amor, além de sobrepujá-lo, une perenemente as criaturas. É, portanto, provável, que no porvir, você decida de livre vontade, retornar ao mundo para, além de ajudá-lo a se alinhar aos ditames das leis divinas, estabelecerem juntos a desejável afinidade.

Dito isso, Thaisis que havia levantado para ouvir as explicações do espírito, ajoelhou-se mais uma vez no chão da arena e começou a falar:

– *Raboni, eis-me aqui agora, livre dos liames que me prendiam ao corpo, que serviu de alimento para as feras famintas...*

Ela parou de falar ao ver no alto dois focos luminosos se destacando, ostentando um brilho reluzente de rara beleza, que somente ela mesma poderia descrever e concluir que aquela luz emanava de Jesus, pois era semelhante a que presenciara na primeira vez que, em desdobramento, vira o Mestre – conforme já narrado no começo da história.

O espírito Caridade, via as imagens dos pensamentos de Thaisis e contente, sorria. Afinal, ela havia alcançado o êxito ensejado para aquela existência.

No alto, o espetáculo de cores prosseguia. A faixa luminosa tomou a forma de uma estrada repleta de flores multicores. Os espíritos encarregados por Jesus, da condução dos mártires do cristianismo, começaram enlaçar as mãos com as dos desencarnados que se encontravam conscientes. Os demais, seriam conduzidos em sono reparador, para a nova morada. Ruth, acompanhada pelo espírito Caridade, se aproximou e estendeu a mão a Thaisis, a filha do coração, que olhava para o alto, onde haviam surgido duas mãos luminosas e, a seguir, ouviu uma voz, para ela inconfundível:

– A tua opção pelo amor, sobrepujou a ação da espada que fere e destrói vidas. Vem, filha do meu coração! Pela estrada que ornastes com as flores do amor, começas a colher os frutos da paz.

– Não os colheria, doce Raboni da Galileia, se o brilho do seu olhar não houvesse despertado o amor que ainda dormia em meu íntimo. Por isso, sou eternamente grata, pelo que pude realizar, viver, experimentar e sentir. Mas compreendendo, contudo, que a vida continua a exigir ação para a própria ascensão, volto a perguntar: que queres que eu faça?

Fim

VOCÊ PRECISA CONHECER

O faraó Merneftá
Vera Kryzhanovskaia • John Wilmot Rochester (espírito)
Romance mediúnico • 16x22,5 • 304 pp.

O livro *O faraó Merneftá*, personagem que representa uma das encarnações de Rochester, autor espiritual da obra, nos mostra com grande veracidade a destruição que o sentimento de ódio desencadeia na vida do espírito imortal.

Vivendo na época de Moisés, um tempo de repressão e disputa pelo poder, as paixões exacerbadas de seus protagonistas provocaram tragédias que demandariam muito tempo para serem superadas.

Paixão & sublimação - A história de Virna e Marcus Flávius
Ana Maria de Almeida • Josafat (espírito)
Romance mediúnico • 14x21 • 192 pp.

Atravessando vários períodos da História, Virna e Marcus Flávius, os personagens desta história, serão submetidos ao cadinho das experiências e das provações e, como diamante arrancado da rocha, serão lapidados através das múltiplas experiências na carne até converterem-se em servos de Deus.

O mistério do lago
Pedro Santiago • Dizzi Akibah (espírito)
Romance mediúnico • 16x22,5 cm • 336 pp.

Em um lago, numa região rural do Paraguai, fenômenos estranhos acontecem. Corre pela redondeza a história de que ali ocorre a aparição de bela mulher iluminada por um halo azul, e que, após essa aparição, as águas se transformam e quem a bebe fica curado de sua enfermidade. Alicia, mãe de Ceci, encontrou a morte afogada neste mesmo lago. Anos mais tarde caberá a Ceci, que foi criada pelos avós, a tarefa de esclarecer o que realmente acontece ali.

VOCÊ PRECISA CONHECER

Chico Xavier de encarnação a encarnação
Therezinha Radetic
Biografia • 14x21 cm • 272 pp.

Autora, que manteve vasta correspondência com Chico desde os anos 1940, reuniu depoimentos, testemunhos e informações descrevendo, sucintamente, as várias vidas do médium desde a Idade Antiga, no Velho Egito, até seu renascimento em Pedro Leopoldo (MG).

Você precisa de respostas – manual de espiritualidade
Alciene Ribeiro
Iniciação espírita • 14x21 • 176 pp.

A premiada autora Alciene Ribeiro focaliza assuntos que falam de perto aos significativos interesses da alma humana. Em linguagem clara, apresenta considerações de efetiva utilidade para todos nós, revestindo-as com os preceitos doutrinários e evangélicos acessíveis a todos os leitores, espíritas ou não.

Os animais na obra de Deus
Geziel Andrade
Estudo • 14x21 • 272 pp.

Geziel Andrade vem nos mostrar, em seu livro *Os animais na obra de Deus*, como se processa a evolução do princípio inteligente.

Esse princípio inteligente, criado por Deus, percorre uma longa jornada, lenta e continuadamente, desde as formas mais primitivas, passando por inumeráveis experiências até atingir a condição humana, e daí, novamente, tem pela frente desafios e retornos à vida material até alcançar a angelitude, destino final de toda criatura.

VOCÊ PRECISA CONHECER

Peça e receba – o Universo conspira a seu favor
José Lázaro Boberg
Estudo • 16x22,5 cm • 248 pp.

José Lázaro Boberg reflete sobre a força do pensamento, com base nos estudos desenvolvidos pelos físicos quânticos, que trouxeram um volume extraordinário de ensinamentos a respeito da capacidade que cada ser tem de construir sua própria vida, amparando-se nas Leis do Universo.

Getúlio Vargas em dois mundos
Wanda A. Canutti • Eça de Queirós (espírito)
Romance mediúnico • 16x22,5 cm • 344 pp.

Getúlio Vargas realmente suicidou-se? Como foi sua recepção no mundo espiritual? Qual o conteúdo da nova carta à nação, escrita após sua desencarnação? Saiba as respostas para estas e outras perguntas, agora em uma nova edição, com nova capa, novo formato e novo projeto gráfico.

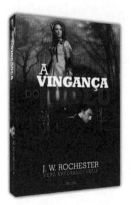

A vingança do judeu
Vera Kryzhanovskaia • J. W. Rochester (espírito)
Romance mediúnico • 16x22,5 cm • 424 pp.

O clássico romance de Rochester agora pela EME, com nova tradução, retrata em cativante história de amor e ódio, os terríveis fatos causados pelos preconceitos de raça, classe social e fortuna e mostra ao leitor a influência benéfica exercida pelo espiritismo sobre a sociedade.

Não encontrando os livros da EME na livraria de sua preferência, solicite o endereço de nosso distribuidor mais próximo de você através de
Fones: (19) 3491-7000 / 3491-5449
(claro) 9 9317-2800 (vivo) 9 9983-2575
E-mail: vendas@editoraeme.com.br – Site: www.editoraeme.com.br